本書爲國家古籍整理出版專項經費資助項目
國家社科基金項目（15BZJ032）成果

道教典籍選刊

淨明忠孝全書

許蔚 校注

中華書局

圖書在版編目(CIP)數據

净明忠孝全書/許蔚校注. —北京:中華書局,2018.3
(2025.3 重印)
(道教典籍選刊)
ISBN 978-7-101-12643-3

Ⅰ.净… Ⅱ.許… Ⅲ.道教-研究-中國-宋元時期
Ⅳ.B959.2

中國版本圖書館 CIP 數據核字(2017)第 134644 號

封面題簽:林曉光
責任編輯:朱立峰
封面設計:周　玉
責任印製:管　斌

道教典籍選刊
净明忠孝全書
許　蔚　校注

*

中 華 書 局 出 版 發 行
(北京市豐臺區太平橋西里 38 號　100073)
http://www.zhbc.com.cn
E-mail:zhbc@zhbc.com.cn
三河市宏盛印務有限公司印刷

*

850×1168 毫米 1/32 · 8⅞印張 · 2 插頁 · 260 千字
2018 年 3 月第 1 版　2025 年 3 月第 3 次印刷
印數:3501-4500 册　定價:38.00 元

ISBN 978-7-101-12643-3

道教典籍選刊緣起

道教是我國土生土長的宗教，歷史悠久，可以溯源到戰國時期的方術，甚至更古的巫術，而正式形成於東漢時期。它是我國傳統文化的重要組成部分，對我國人民的思維方式、生活方式，對古代科學、技術的發展，都產生過重大影響，並波及社會政治、經濟等各方面。

道教典籍極爲豐富，就道藏而言，有五千餘卷，是有待進一步發掘、清理和利用的文化遺産之一。爲便於國内外學術界對道教及其影響的研究，便於廣大讀者瞭解道教的概貌，我們初步擬訂了道教典籍選刊的整理出版計劃。其中既有道教最基本的典籍，也包括各種流派的代表作，有不少書與哲學、思想史關係密切。所有項目，都選用較好的版本作爲底本，進行校勘標點。

由於我們缺乏經驗，工作中難免有失誤之處，亟盼關心此項工作的專家和廣大讀者給以指導與幫助。

中華書局編輯部

一九八八年二月

目録

附　録

前　言

淨明道，一般而言，主要指宋元時期興起的，以許真君信仰爲核心，提倡忠孝成仙，兼修内丹與符籙的道教派别。嚴格地説，可以分爲南宋淨明道、元代淨明道兩個不同的傳承。南宋淨明道並非突然間成立的，其前身可以追溯至晉宋時代流行於廬山宫亭湖區域，以伏蛟治水法術聞名的孝道派。而元代淨明道成立之後，到明清鼎革，作爲其後身，則又有宗室遺民朱道朗在南昌青雲譜創立青雲派，再續淨明。

南宋淨明道最初成立於建炎二、三年（一一二八、一一二九）間，以來自海陵的候任官員周方文爲首，在臨江軍新喻縣從事降真造經活動。後因金兵南下，教團活動遂告終結，周方文也轉往舒州任官〔一〕。紹興元年（一一三一），何守證等人在洪州西山玉隆萬壽宫建翼真壇，再行降經，淨明道遂得以延續，並盛行一時。這兩次降經所出經典，基本上均保存於正統道藏之中。

〔一〕參見拙撰斷裂與建構：淨明道的歷史與文獻，上海：上海書店出版社二〇一四年版，頁三九—六六。

元代淨明道創自西山鄉儒劉玉之手。他自元世祖至元十九年（一二八二）初遇胡慧超，次年（一二八三）於孝行里建騰勝道院，開化度人，後十一年（一二九四），移居黃堂山烏晶原，弟子王真定、方公成等則就近居於紫清宮。次年（一二九五），他與王真定、方公成登紫清宮拍洪樓，初獲胡慧超降授淨明大道說。此次仙真降經造成一定的聲勢，吸引了玉隆萬壽宮清逸堂道士黃元吉的加入。次年（一二九六），劉玉便與黃元吉以及王真定、方公成、胡次由等在烏晶原劉玉宅中再獲許遜降授玉真靈寶壇記、郭璞降授玉真壇疏。大德元年（一二九七）正月，劉玉登靈寶朝天壇，從許遜受中黃大道八極真詮；十月，住玉隆萬壽宮清逸堂，又獲胡慧超降授淨明道法說及三五飛步正一斬邪之旨，「由此開闡大教」。大德二年（一二九八），再獲郭璞降授淨明法說。至此，該教團的主要經典均已出世。這批文字後來編入淨明忠孝全書，保存於正統道藏之中。

一

淨明忠孝全書是目前所知元代淨明道唯一流傳下來的典籍。該書現存已知版本，凡有明正統道藏本、明景泰三年（一四五二）邵以正序刊本、清嘉慶雲南刊本、清光緒三十一年（一九〇五）黃元安鉛印本以及某道壇抄本等五種。其中，清嘉慶雲南刊本爲臺灣李顯光先生所藏，僅殘存附録許真君七寶如意丹一册二十餘葉；清光緒鉛印本原藏南京圖書館，今已不知去向；某道壇抄本爲臺灣李豐楙先生所藏，目前未能見到，有關情況尚不明確。

關於該書的成立，據劉玉語録自述，最初他將許遜、胡慧超等仙真降示的諸篇文字彙編成書，名爲浄明忠孝之書。這一浄明忠孝之書當時是否刊刻，或者僅爲道團内部抄寫流通，目前没有明確的證據予以證明。但其内容則很明確，即僅包含玉真靈寶壇記、浄明大道説、浄明道法説、浄明法説以及玉真壇疏等五篇文字而已。至於此書成立的時間，則不能早於大德二年浄明法説降世之時。

至大元年（一三〇八），劉玉歿。後十五年（一三二三），黄元吉入京，攜有浄明忠孝書及玉真語録，授予逗留在京的吉安儒生徐慧，並囑其將來續刻劉玉語録。其中，玉真語録爲黄元吉所刻，浄明忠孝書似乎也是刻本，但不知是否爲黄元吉所刻。就内容而言，玉真語録是劉玉的語録。浄明忠孝書，根據元人諸序，除了玉真靈寶壇記等浄明大道文字以外，還應含有包括劉玉傳在内的仙真傳記，因而可能是在劉玉所編浄明忠孝之書基礎上增補而成。

泰定二年（一三二五），黄元吉歿。後二年（一三二七），徐慧繼起編刊。據其自序所述，他將黃元吉未及刊行的劉玉語録編爲別集，又補入黃元吉的嫡傳弟子玉隆萬壽宫清逸堂道士陳天和所編黃元吉語録，「並以元所傳靈寶壇記、道説、法説忠孝諸書，皆鋟梓而流傳之，總名曰淨明忠孝全書」。這是元代淨明道系列文獻首次以淨明忠孝全書爲名刊行，時間則是泰定四年。此一淨明忠孝全書是在黃元吉舊本淨明忠孝書及玉真語録的基礎上增補完成，除增補前述兩種語録之外，似乎也應循例增補虞集所作黃元吉碑銘。

至正十年（一三五〇），徐慧殁。次年（一三五一）春，其弟子上官良佐前往徐慧生前所住吉安永和清都觀致奠，並據其子徐師晉所述，撰爲丹扃道人事實（據明景泰三年邵以正序刊本保留的上官良佐跋）。該傳是否即行增補刻入淨明忠孝全書，並無證據可予證明，但至少應在清都觀及徐慧門下弟子間，以附録於徐慧舊刻淨明忠孝全書的方式抄寫流通。

徐慧舊刻流傳不廣，附録徐慧傳的本子似乎也僅在吉安個別宫觀内部流通，到明洪武末重刊，去徐慧舊刻已逾七十年，期間罕有人見過。關於此次重刊，明景泰三年邵以正序刊本保留有洪武三十一年（一三九八）曾昶序，可知該書重刊於洪武三十一年。據該序所述，淨明忠孝全書原秘於吉安永新昊天觀，至洪武三十年（一三九七），南昌常清觀周定觀從京師返鄉，攜該本至南昌宗華彭真觀，出示給錬師魏希然及其徒萬象先、胡孔聞等人，遂由胡孔聞校正並書，西山徐古愚出資刊行。周定觀從何處得到這一吉安昊天觀古本，文獻中没有明確的記載。鑒於他是丁母憂，從京師（南京）返回南昌的，不大可能專程繞行遠道前往吉安取書，然後再折返南昌，因而，不排除是從時住朝天宫的贛州高道劉淵然處得到該本的〔一〕。至於該本之内容，儘管原書已無法見到，但明景泰三年邵以正序刊本是以洪武末刊本爲底本，增補趙宜真、劉淵然傳而成。因此可知，除了徐慧舊刻的内容以外，還應含有徐慧傳。該本刊行後，到邵以正增補重刊時，已是「板毁不存」。而邵以正增補重刊之後，到嘉靖元年（一五二二）則有南昌鐵柱宫住持鄧繼禹據邵以正所刊本再予重刊〔二〕。

這裏需要説明一下洪武末刊本與所謂「劉淵然刊本」是何關係。所謂「劉淵然刊本」的説法，不見於明人記述，而出自數百年之後的清嘉慶雲南刊本。該本殘存附録許真君

〔一〕參見拙撰浄明忠孝全書的刊行與元明之際浄明統緒的構建——以日本内閣文庫藏明景泰三年邵以正序刊本爲中心，古典文獻研究第十七輯上卷，南京：鳳凰出版社二〇一四年版，頁一三〇。該文誤以校正者爲魏希然，當改正。

〔二〕天一閣書目卷三之二，續修四庫全書第九二〇册，上海：上海古籍出版社一九九七年景印清嘉慶文選樓刊本，頁一七七。參見拙撰斷裂與建構：浄明道的歷史與文獻，頁六九。

七寶如意丹一册，其中尚保存有朱桂芳許真君七寶如意丹後序一首。據該序所述，該本所據底本爲昆明縣朱桂芳家藏「長春劉真人刊浄明忠孝全書一卷」〔一〕。這個所謂的一卷「劉淵然刊本」，由於清嘉慶雲南刊本原書已不存，而朱桂芳又没有進一步的描述，難以證明是否真的存在。

劉淵然曾在永樂初年謫居雲南，洪熙元年（一四二五）還朝，上書請建雲南、大理、金齒三府道紀司，對雲南道教發展有深遠影響，其嫡傳弟子邵以正也是在雲南拜入門下的。而明景泰三年邵以正序刊本所保留的舊序僅有前述洪武三十一年曾怨序。該序只提到浄明忠孝全書出自昊天觀秘藏，而没有提到曾有一種劉淵然刊本。並且，邵以正的自述也完全没有提到劉淵然曾刊行浄明忠孝全書。由此，似可認爲，所謂「劉淵然刊本」並不存在，而朱桂芳很可能只是將其收藏的某本浄明忠孝全書稱爲「劉淵然刊本」而已。僅就目前所知，即便真的存在所謂「劉淵然刊本」，也應該就是邵以正據以爲底本的洪武末刊本〔二〕。

〔一〕參見臺灣李顯光先生藏殘本清嘉慶雲南刊本浄明忠孝全書附録，葉卅二上欄。

〔二〕有關該記述可靠性的質疑，可參見拙撰趙宜真劉淵然嗣派浄明問題再探討，宗教學研究二〇〇六年第一期。

明正統道藏本，就内容而言，是含有徐慧傳的本子的，因而其底本不可能是徐慧所刊本。當然，由於該本僅保留有徐慧以上的元人諸序，而没有明人序跋，也就無法確定其底本是否即洪武末刊本。明萬曆時楊爾曾編校許真君淨明宗教録十五卷，在内容上幾乎將淨明忠孝全書盡數收録，並且還保留有淨明忠孝全書的書名，因而，相關内容可視爲淨明忠孝全書的一個別本。就該書卷十五所收淨明忠孝全書序僅包含元人諸序，而同卷所收張氳至徐慧等傳記、卷十一至十四所收語録以及卷六所收淨明大道文字等也與明正統道藏本幾乎完全一致，文字上的錯訛基本上也完全相同而言，可以認定，該書所據以編録的底本應爲明正統道藏本。

另外，據明黃嘉善校刻本古今書刻著録，淨明忠孝全書在明代尚有山西山陰王府刊本。山陰王府是代王朱桂支系下的郡王府，初代朱遜煁永樂十二年（一四一四）封，成化三年（一四六七）薨，到古今書刻成書的隆慶、萬曆年間，在位者已是第五代朱俊柵，嘉靖三十七年（一五五八）襲封，他是一位喜好佛法的郡王〔一〕。而淨明忠孝全書刻於何代郡

〔一〕張廷玉等撰明史卷一〇一諸王世系表二，北京：中華書局一九七四年版，頁二六六四。王世貞撰、魏連科點校弇山堂別集卷三五，北京：中華書局一九八五年版，頁六一七。

王之時，並無明文記載。鑒於古今書刻所著録山陰王府所刻之書共計十二種，除浄明忠孝全書外，均爲佛教典籍〔一〕，那麼，這批書很可能就都刻於朱俊栅在位時期。如果這一推測能够成立，那麼，山陰王府本就有可能是以明正統道藏本或者明景泰三年邵以正序刊本爲底本。當然，如果山陰王府本刻於康惠王在位時期，則不排除在明正統道藏本之前問世，但不會早於永樂十二年，即至少在洪武末刊本問世十餘年之後問世，那麼，其底本便有可能是洪武末刊本。

二

明景泰三年邵以正序刊本，現存爲日本内閣文庫（今屬日本國立公文書館）藏本，原爲日本江户時代朱子學者林羅山舊藏，木夾板一函，綫裝一厚册，經托裱重裝，四周雙邊，黑口，雙黑魚尾，正文每半葉十二行，行二十三至二十五字不等。該書前有景泰三年壬申秋十月朔胡濙序、洪武三十一年戊寅秋八月望日曾怓序，後有景泰三年壬申中秋日邵以正後序。該本未分卷，作一卷計，與天一閣書目著録鄧繼禹重刊本作一卷是一致的，與清

〔一〕陳清慧古今書刻版本考，文獻二〇〇七年第四期，頁一六五。

嘉慶雲南刊本所謂「劉淵然刊本」一卷也是一致的，而與明正統道藏本分爲六卷的形式不同。據胡濙序、邵以正後序所述，該本是以舊本爲底本，增補趙宜真、劉淵然二人傳記而成。所謂舊本，根據該本僅保留曾恕序可知，即洪武末刊本。

除以上前後三序以外，該本内容依次爲仙師傳記、浄明靈寶忠孝書序、浄明靈寶忠孝全書、西山隱士玉真劉先生語録内集、西山隱士玉真劉先生語録外集、西山隱士玉真劉先生語録別集及中黄先生黄真公答問語録。

其中，浄明靈寶忠孝書序依次包括張珪、趙世延、虞集、滕賓、曾巽申、彭埜及徐慧序，與明正統道藏本所保留的徐慧以上元人諸序在内容、順序上均屬一致。浄明靈寶忠孝全書依次包括玉真靈寶壇記、浄明大道説、浄明道法説、浄明法説、玉真壇疏等大道文字，也與明正統道藏本相同。值得注意的是，元人諸序統題「浄明靈寶忠孝書序」，表明諸序可能原爲浄明（靈寶）忠孝書所作；而「浄明靈寶忠孝全書」的獨立題名，也不見於明正統道藏本，但其内容確屬浄明忠孝之書，因而可以認爲二者保留了浄明忠孝全書成書過程的遺迹，反映出浄明忠孝全書元代刊本的實際面貌。而西山隱士玉真劉先生語録内集、外集、別集及中黄先生黄真公答問語録内容、次第也均與明正統道藏本一致，但同樣保留了元代刊本的舊式，並且也鮮明地反映了浄明忠孝全書爲彙刻諸書的事實。

值得特别注意的是，仙師傳記部分是該本與明正統道藏本之間最大的差異所在。在形式上，此部分置於元人諸序之前，與明正統道藏本的次第明顯不同。在内容上，此部分除增補趙宜真、劉淵然二位真師的傳記以外，每傳前還相應地附刻有許遜、張氳、胡慧超、郭璞、劉玉、黄元吉、徐慧以及趙宜真、劉淵然等人像、讚。其中，徐慧以上的像、讚均爲元人舊撰，表明元代刊本應該是附刻有諸真像、讚的，而明正統道藏本，不論是以元代舊本，還是洪武末刊本爲底本，顯然是將有關像、讚省略未刊。至於許真君浄明宗教録所收仙師傳記附刻像、讚，儘管無論是圖像還是文字都有很大的改動，仍表明楊爾曾可能見到並利用了洪武末刊本或邵以正系統的刊本。

另外，該本各傳大多相應保留有撰者署名以及有關讚、跋等内容。比如，浄明道師旌陽許真君傳署「瓊琯紫清真人白玉蟾譔」，西山隱士玉真劉先生傳署「應召通真靈妙明德法師、教門高士、玉隆萬壽宫提舉宫事許宗聖譔」並有附讚，中黄先生碑銘署「奉訓大夫、祕書少監虞集譔並書，應奉翰林文字、從仕郎、同知制誥、兼國史院編脩曾巽申篆額」並附題墓者「集賢待制番禺吴善」跋，丹扃道人事實附作者「西山樵者武陽上官良佐」跋等，無論是在内容還是形式上，均較明正統道藏本更爲完善，也更能反映元代刊本或者元代舊本的實際面貌。而明正統道藏本在内容上的此種删减，特别是對有關圖像的省略，並非特例，在正統道藏所收其他文獻中也經常見到。

需要説明的是，仙師傳記部分雖然在内容上大體保持元代舊貌，但置於元人諸序之前的形式是否同樣保持了元刊舊式，尚難斷定。就目前所知，這一形式尚無法得到其他文獻的支持，特別是明正統道藏本已是經過大量改動的文本，無法作爲支持或者否定的依據來提供版本上的印證。因而，一方面不排除這一形式確實保持了元刊舊式或者説元代舊式的可能；同時，也不能排除這一形式是邵以正重刊時所作調整的可能。另外，許遜傳的署名顯然也並不可靠，因該傳内容與白玉蟾旌陽許真君傳實際存在較大差異；而該本之所以署名白玉蟾，如果確屬元刊舊式，則可能是要表明該傳雖經改寫，但仍然是以白玉蟾原撰爲基礎。至於趙宜真、劉淵然二人的傳、像並讚，則是邵以正有意新增加的内容，雖然明顯是對所據底本的改動，但二人既然是邵以正本人的先師祖、先師，邵以正又自居淨明嗣派弟子，那麽，在形式上也還是符合淨明忠孝全書成書、流傳過程中所形成的續補先代宗師傳記的通例的。

明景泰三年邵以正序刊本保留的傳記作者及相關信息，不僅提供新的材料，也提供重新審視淨明道史的契機。

就劉玉傳的作者署名而言，不僅可以澄清劉玉傳作者的問題，也可以借由許宗聖玉隆萬壽宮提舉的身份來重新認識元代浄明道的成立過程。如前所述，黄元吉受到浄明大道説降世的鼓舞，加入劉玉等人的降經活動。他的加入，首先當然是個人行爲，但顯然具有超越一般個人皈依的意義。由於他是玉隆萬壽宮的道士，使得其拜入劉玉門下、參與降經的行爲，一方面在象徵意義上代表了由傳統的玉隆萬壽宮向新興的「騰勝道院」（或者「玉真壇」）的正統性轉移；另一方面也使劉玉等人的降經活動得以進入玉隆萬壽宮，依託清逸堂再行降經，從而也在實質意義上具有了獲得正統性與合法性的可能。因此，劉玉傳的寫作，由玉隆萬壽宮的提舉許宗聖而不是清逸堂的道士黄元吉來完成，很可能是有意向讀者展示，劉玉作爲許遜浄明大道嫡傳者的身份，劉玉所創「新」浄明道作爲接續南宋浄明道的正宗的地位獲得了認可。

而根據徐慧傳所保留的作者上官良佐跋，我們不僅可以知道該傳撰寫的時地背景、資料來源，也可以知道該傳撰寫的目的是「以繼于中黄師傳」。明清時代關於元代浄明道統緒的傳統記述，是劉玉、黄元吉、徐慧爲遞代相承的三代祖師。這樣一個譜系是建立在浄明忠孝全書收録三者傳記的基礎之上的。實際上，徐慧刊本是没有徐慧傳，也不可能有徐慧傳的。根據中黄先生碑銘可以知道，黄元吉的嫡傳弟子是陳天和。而陳天和的身份則是玉隆萬壽宮清逸堂道士。從元代浄明道降經過程來看，在黄元吉加入以後，玉隆萬壽宫清逸堂便成爲該教團的活動中心，也是正統所在。至於徐慧，則並未在黄元吉傳中列名，只是「不可備數」的衆多弟子之一，如果没有徐慧傳，除根據徐慧序知道他是浄明弟子，曾刊行浄明忠孝全書以外，他是不大可能被視爲三祖的。而徐慧傳的成立雖然是以接承統緒爲目的，但在明初重刊以前，如前所述，該傳可能只是在吉安的個别宫觀中以抄本的形式附入浄明忠孝全書而流傳。也就是説，除了徐慧自己的兒子及其弟子構成的吉安地方團體以外，元代浄明道並没有形成以徐慧爲浄明三祖的共識。

另外，上官良佐提到徐慧爲他保奏神霄總攝諸雷書，表明徐慧是兼傳神霄雷法的。而這是可以與徐慧傳中所載他臨終前請弟子蕭尚賢代謝師仙將吏相印證的。由此，雖然不能直接證明劉玉、黄元吉一系也兼傳神霄雷法（二人語録中亦提及先天五雷法、神霄雷府以及舊記雷書等），從而改變以往對劉玉簡化道法的印象，至少可以證明，被後世接受爲浄明正宗的徐慧一派是擅長雷法的〔一〕。

陳天和、徐慧之後的浄明統緒不明，明清時代的傳統記述都是將趙宜真、劉淵然直接

〔一〕參見拙撰浄明忠孝全書的刊行與元明之際浄明統緒的構建——以日本内閣文庫藏明景泰三年邵以正序刊本爲中心，古典文獻研究第十七輯上卷，頁一二七。

徐慧，作爲浄明四傳、五傳。這一記述的源頭，一直以來並不明確，至此則可以知道是出自明景泰三年邵以正序刊本。據該本所收二人傳記，趙宜真、劉淵然被參學浄明弟子奉爲嗣師。不論此種表述是傳記原作者所爲還是邵以正刊刻時所增改，二人傳記補入浄明忠孝全書本身即有意向讀者表明他們是浄明派的嗣派正宗。實際上，邵以正在後序中也明確説他增補趙宜真、劉淵然傳記的目的就是「用續師派」。那麼，無論是從對相關叙述的史源追溯的立場，還是從邵以正個人宗派意識的立場來看，趙宜真、劉淵然的宗派身份問題似乎也就得到了解決〔一〕。問題在於，一方面，趙宜真自居爲清微嗣派正宗，並無嗣派浄明或者宗奉浄明的表達；另一方面，他與徐慧並無師授關係，其師曾貴寬與徐慧或其弟子目前也無證據表明有師授關係。因而，從徐慧到趙宜真的傳承實際上是無法銜接的。而且，邵以正本身在景泰、天順之際已改變立場，不再自居浄明嗣派，甚至可能曾追改趙宜真、劉淵然二傳，導致在他授意下撰寫的幾種相關碑傳之間出現差異甚至矛盾。因此，僅就明景泰三年邵以正序刊本而言，並不足以最終確定趙宜真、劉淵然二人在歷史

〔一〕參見拙撰浄明忠孝全書的刊行與元明之際浄明統緒的構建——以日本内閣文庫藏明景泰三年邵以正序刊本爲中心，古典文獻研究第十七輯上卷，頁一三三。

上的真正宗派身份〔一〕。

當然，歷史上的真實情況只是研究者的關注所在，却未必是該教派成員所關心的問題。不論趙宜真、劉淵然在歷史上與浄明道究竟有何關係，邵以正增補二人傳記的行爲都對浄明道的歷史叙述産生了深遠影響。不僅明萬曆時李鼎所編浄明忠孝經傳正訛、清青雲譜刊本太上靈寶浄明宗教録、清刊三種版本逍遥山萬壽宫志等歷史文獻均收録有二人傳記，而且今日所見清末以來高安地方流傳的浄明科儀所召請的列聖先師亦爲劉玉、黄元吉、徐慧、趙宜真、劉淵然的譜系〔二〕。至於邵以正本人，由於他的宗派立場發生改變，更由於他身後未能有傳記補入浄明忠孝全書，作爲浄明嗣派，除了清鈔本丹亭真人盧祖師廣胎息經附録的所謂「浄明宗譜」以外，並没有被浄明派的歷史叙述以及科儀傳統所承認。

〔一〕關於趙宜真、劉淵然的道法、丹學師承及其宗派立場等方面的具體分析，參見拙撰趙宜真劉淵然嗣派浄明問題再探討，宗教學研究二〇〇六年第一期。

〔二〕毛禮鎂編著江西省高安縣浄明道科儀本彙編，臺北：新文豐出版公司二〇〇六年版。

三

此次整理淨明忠孝全書，以明景泰三年邵以正序刊本爲底本，校以明正統道藏本。至於明萬曆刊本許真君淨明宗教録，由於本身是以明正統道藏本爲底本，有關異文除襲舊以外，僅有個别修正，並有新的錯訛，校勘價值不大，故不一一出校，僅在足以説明該本與明正統道藏本關係處予以附記。此外，此次整理也對關係淨明道史的個别表述予以簡單注釋，以免讀者發生誤會。劉玉、黄元吉語録各條之前標以序號，以方便閲讀。書後另增附録五種，供研讀此書者參考。

附録一，爲許真君淨明宗教録所收許遜至徐慧像、贊。通過與明景泰三年邵以正序刊本淨明忠孝全書所收像、贊的比較，不難發現，楊爾曾雖然是以明正統道藏本淨明忠孝全書爲底本，但也應當了解或者可能見到過洪武末刊本或邵以正系統的刊本等相關文本中保存的圖像資料。

附録二，爲中黄内旨。該篇文字不見於淨明忠孝全書以及明正統道藏以外的其他元、明、清淨明道相關文獻，而是出自養生秘録，因而，向來未受到研究者的注意。該篇文字前有署「玉真先生」之名的説明文字，稱這一内旨是口耳相傳的秘密道法，由於擔心弟子不能記憶，才形於文字，要求傳度完畢即作銷毀。而所謂內旨，則是以內丹解説「中黄八極」之秘旨。如果説僅以「玉真先生」的稱名就認爲是劉玉所傳而稍嫌輕率的話，但就「中黄八極」的解説內容來看，與劉玉語録確可相互印證。應當説，即便在「玉真先生」是否是劉玉的問題上尚有討論的餘地，而不能直接將該篇文字認定爲元代浄明道秘傳文字，也至少可以承認，該篇文字是與元代浄明道關係極爲密切的文獻，對進一步探討元代浄明道的内丹學説具有極其重要的參考價值。此次整理，以明正統道藏本養生秘録爲底本，予以標點録文。

附録三，爲元代浄明道所傳治勞瘵方一種。該方出自趙宜真所撰上清紫庭追癆仙方〔一〕。該方注明是「浄明法」中所出，並説是「度師玉真先生」所傳，可以確信是元代浄明道所傳醫方。值得注意的是，在該方叙述中，劉玉被稱爲「度師」。這是很特殊的表達，應該是指標誌道法傳承的「經」、「籍」、「度」三師中的「度師」，也就是受道者對本師的稱謂。趙宜真的本師是曾貴寬，因此，曾貴寬就是他的「度師」。而曾貴寬師出彭汝勵，彭汝勵師出熊道輝。彭汝勵是曾貴寬的「度師」、趙宜真的「籍師」。熊道輝是彭汝勵的「度師」、曾貴寬的

〔一〕關於上清紫庭追癆仙方爲趙宜真所撰之考察，參見拙撰斷裂與建構：浄明道的歷史與文獻，頁二八三。

「籍師」、趙宜真的「經師」。那麽，在該方叙述中，以劉玉爲「度師」的人，自然就不會是趙宜真。不過，此人雖不排除就是傳方給趙宜真之人，但在世代上則應該是黄元吉的同輩，因此，更有可能是最初傳出該方之人。就此種傳承情況來看，雖然趙宜真熟悉淨明法，特别是淨明法中所用醫方，但他可能只是輾轉獲得，而非直接從師所受，其作爲淨明派「嗣師」的可能性並不因爲記録淨明法中醫方而增加。此次整理，以明正統道藏所收急救仙方本爲底本，校以明崇德堂刊青囊雜纂本。

附録四，爲白玉蟾所撰旌陽許真君傳等淨明祖師列聖的傳記。通過將白玉蟾所撰諸傳原文與淨明忠孝全書中的淨明道師旌陽許真君傳等傳對讀，即不難體會元代淨明道對相關傳記所作改動及其意義。此次整理，以元余氏勤有堂刊本新刊瓊琯白先生玉隆集爲底本，校以明正統道藏所收修真十書本玉隆集。另外，明正統道藏中尚見有南宋時託名施岑所降西山許真君八十五化録三卷，是以白玉蟾所作諸傳分化附詩改編而成，可以反映南宋時所見旌陽許真君傳等傳的文本情況，故列入參校。

附録五，爲如意丹方。關於該方，南宋尤袤遂初堂書目著録許真君如意方一種，可能即指如意丹方，也可能是包含如意丹方在内的醫方。儘管並不十分明確，但這是有關該方的最早記載，表明該方可能在南宋淳熙八年以前已經流傳。而有關該方及其内容較爲明確的記載，則最早見於白玉蟾旌陽許真君傳，稱許遜上昇所遺，其藥僅知計有十八味，具體何藥則不詳。元代劉玉所傳如意丹方，爲張氲所新降授，僅知有「石菖蒲」一味，是否另含他藥，也未有記載。目前所見，該方具體内容的最早記録，見於明萬曆三年（一五七五）刊行的醫學入門，爲藥十七味。而包括該方内容以及修合儀式的完整記録，最早見於清康熙二十年（一六八一）業已成書的太上靈寶浄明宗教録〔一〕，爲藥十八味。清乾隆二十七年（一七六二）刊行的同壽録，則出現新的變化，增加了「木香」一味，爲藥已達十九味。而清嘉慶雲南刊本浄明忠孝全書附録許真君七寶如意丹正是增加了「木香」的十九味方。需要進一步説明的是，儘管清嘉慶雲南刊本附録有許真君七寶如意丹，但這並不表示該方是浄明忠孝全書原書所有之内容。從浄明忠孝全書的成書過程來看，最初只收録高文大論，之後雖然增加仙真傳記及語録，並且在流傳過程中還形成增補歷代宗師傳記的體例，但道法相關文字則是始終排除在外，不予收録的。而根據清嘉慶雲南刊本所存清嘉慶二十三年（一八一八）朱桂芳許真君七寶如意丹後序，該方是朱桂芳與葉一濟等人輾轉收集而來，曾修合治疫，「仍將豐城劉真人（小注：諱淵然。）原刻許祖浄明忠孝全

〔一〕關於太上靈寶浄明宗教録的成書年代，參見拙撰斷裂與建構：浄明道的歷史與文獻，頁一一六—一二七。

書一卷，見板無存，仍付之梓，克廣真君道德。並七寶丹訣亦付篇末」，「神功無量、陰祐子孫」云云〔一〕，也可以知道如意丹方並非淨明忠孝全書之内容，而是爲功德計而新附入的。此點從該方計有十九味，爲清代始出現的變方來看，也可以得到證明〔二〕。此次整理，以清青雲譜刊本太上靈寶淨明宗教録附録如意仙丹方並淨明堂諸方中所收如意丹方爲底本，校以清嘉慶雲南刊本淨明忠孝全書附録許真君七寶如意丹，並參考前述同壽録等書。另外，如不來室藏舊刊許真君七寶如意丹傳單一紙，爲十九味方，雖然未詳細記載修合儀式，但有關湯頭及服用例大體與清嘉慶雲南刊本相同，也列入參校。

四

本書整理過程中，承臺灣李顯光先生授權，臺灣師範大學謝聰輝教授提供由其拍攝的李先生私人所藏清嘉慶雲南刊本殘本全部影像文件，佛羅里達大學王崗教授提供北京大學

〔一〕參見臺灣李顯光先生藏殘本清嘉慶雲南刊本淨明忠孝全書附録，葉卅四上欄。

〔二〕關於如意丹方的産生年代、流傳變異及其與淨明忠孝全書的關係，參見拙撰斷裂與建構：淨明道的歷史與文獻，頁二五一—二七二。

圖書館藏許真君浄明宗教録部分影像文件，亦承浙江大學林曉光教授協助辨認部分字跡，復承香港中文大學黎志添教授邀請赴港報告浄明道研究相關進展，並提供平臺以供我發表有關研究意見〔一〕，使我有機會對浄明忠孝全書版本諸問題作再三地考量，從而將較爲成熟的文字呈現在讀者面前。另外，本書的出版也得到復旦大學陳引馳教授、華東師範大學羅争鳴教授的協助。對於諸位師友的鼓勵與幫助，我在此深表謝意。

二〇一七年五月，鍾陵許蔚修訂於如不來室

〔一〕即拙撰浄明忠孝全書的版本、内容及意涵概説（香港中文大學道教文化研究中心通訊第三十七期，二〇一五年三月）。本前言即是在該文基礎上增補而成。

參考書目

上清紫庭追癆仙方，明崇德堂刊青囊雜纂本，上海圖書館藏，簡稱青囊本。

太上洞玄靈寶度人經法，明正統道藏本。

太上靈寶首入淨明四規明鑑經，明正統道藏本。

太上靈寶淨明宗教録，清青雲譜刊本，江西南昌新風樓藏，簡稱青本。

太玄女青三元品誡拔罪妙經，明宣德六年鮑玄昇泥金寫本，德國巴伐利亞州立圖書館藏。

玉清符命生天寶籙，舊刊一紙，臺灣李豐楙先生藏，道法海涵：李豐楙教授暨師門道教文物收藏展收録。

玉隆集，明正統道藏所收修真十書本，簡稱修真本。

仙傳外科秘方，明正統道藏本。

西山許真君八十五化録，明正統道藏本，簡稱化録。

李長卿集，明萬曆四十年序刊本，中國國家圖書館藏。

沖虚至道長春劉真人語録，清彭定求鈔本，上海圖書館藏。
重修龍虎山志，清乾隆刊道光修補本，中華續道藏初輯景印本。
急救仙方，明正統道藏本。
浄明忠孝全書，明正統道藏本，簡稱道藏本。
浄明忠孝全書，明景泰三年邵以正序刊本，日本國立公文書館藏。
耆山無爲天師峴泉集，明崇禎四年序刊本，明別集叢刊第一輯景印。
原陽子法語，明正統道藏本。
逍遥山萬壽宫志，清光緒四年鐵柱宫刊本，四庫未收書叢刊景印。
峴泉集，文淵閣四庫全書本。
峴泉集，明正統道藏本。
許真君七寶如意丹，清嘉慶雲南刊本浄明忠孝全書附録，臺灣李顯光先生藏殘本，簡稱滇本。
許真君七寶如意丹，舊刊一紙，許蔚如不來室藏，簡稱如藏本。
許真君浄明宗教録，明萬曆三十一年楊爾曾序刊本，北京大學圖書館藏，又上海圖書館藏殘本，簡稱宗教録。

道法會元，明正統道藏本。

道園學古録，明景泰翻元刊本，四部叢刊初編景印，簡稱學古録。

新刊瓊琯白先生玉隆集，元余氏勤有堂刊本，德國巴伐利亞州立圖書館藏。

養生秘録，明正統道藏本。

歷世真仙體道通鑑，明正統道藏本。

歷世真仙體道通鑑，明李贄刊本，臺北「國家圖書館」藏。

歷世真仙體道通鑑，明鈔本，中國國家圖書館藏。

靈寶無量度人上品妙經，明正統道藏本。

靈寶歸空訣，明正統道藏本。

淨明忠孝全書

淨明忠孝全書序

景泰壬申冬十月朔旦，敕賜守玄沖靖高士兼道録左正一邵君以正謁予於南宫，出淨明忠孝全書一帙，徵予序諸卷首，且曰：「是書乃旌陽許真君所傳之秘，其來遠矣。旌陽傳之玉真劉先生，再傳於中黄黄先生，至丹扃道人而是書始行於世。□師祖趙原陽、先師劉長春相繼嗣續，復闡□之。舊板歷歲彌遠，燬不復存，大道之妙幾□湮没，每臨帙而感焉。遂以師祖、先師□□□録於内，捐貲命工鋟梓，以廣其傳，而與四方學者共之，願賜之言。」

予按旌陽許仙翁爲晉有道之士，嘗爲旌陽令，故人以旌陽稱。劉真人，宋時建昌世家，玉真其自號也。予閲其書所以相傳之旨，無非推明淨明之淵微與忠孝之大道，其與吾儒所謂正心脩身之旨殆不少異焉。其書中所謂「欲脩仙道，先脩人道」，又謂「學者志節要高，毋習卑汙，務圖近效；器量要大，毋局褊淺，不能容物；操履要正，毋殉己私，隨邪逐物」，真緊切誨人之詞。故前國子司業虞公集於旌陽則贊之曰「道本淨明，行先忠孝」，豈異言哉，君子之教」，贊玉真子又曰「神哽玄徵，爲道綱紀」，其言得之矣。中黄問答一編，則又所以發揮净明忠孝之旨而已。

嗚呼，世之學道術者，率用力於脩煉之方，以求長生久視，曾不知净明忠孝爲脩真養性之本，却步求前，豈理也哉！是書之傳，有裨於人也大矣。然非仙材法器，則烏能明實理而傳正學於後世哉？而以正繼長春真人所傳之道，融會貫通，瑩澈於心，如鏡之明，如水之净，忠孝恒存於方寸，惠利普及於幽明，其道法之精、制行之篤、纘述之勤，而奉先淑後，誠大有補於名教也。後之覽者，宜著之心胸，拳拳服膺而極力加勉焉，庶幾乎可與入道矣。

少傅光禄大夫兼太子太師禮部尚書前太子賓客國子祭酒毘陵胡濙序

净明忠孝全書一帙，秘於吉之禾川昊天觀。洪武丁丑夏，南昌常清觀外史周定觀以神樂觀樂舞生選，丁母憂回洪，廼函是書過宗華彭真觀，示希然魏鍊師暨其徒萬象先、胡孔聞二高士，曰：「是書乃旌陽受於諶母元君，孝道明王之秘密也。然晉去世逾遠，字畫差訛，魯魚亥豕，尚未校勘，甚缺典也。」適西山有號古愚徐徵士者在坐，閱之，奮然而起，曰：「是書某素慕之而未得，今何幸快覩於此！」乃語孔聞高士曰：「忠孝，人之良能。然老子云：『六親不和，有孝子。』其名之立，世道降矣。然是書一出，俾世知三教俱本乎君親，而矧凡民乎？吾師攻書，宜校正。吾當購工刊傳於世，請能文者序之，亦盛事也。」孔聞既正而書之，來徵余言，固辭弗獲。余乃拜稽而爲之言曰：

忠孝乃秉彝之天，人心之同然也。在聖人作之，爲孝經。在漢儒馬融述之，爲忠經。是天地之經而民則之，於以爲天地立心，於以爲生民立命，於以千萬世開太平。矧旌陽爲晉碩儒，以孝廉舉，出宰百里，讀魯書，宣唐虞化，諶母授之孝道明王忠孝之教，宜也。惜晉史不載，而道家所傳不過鐵柱斬蛟、點石化金、沉符瘉疾數事而已。余嘗疑之，何當時吴猛載史，而旌陽獨遺，何耶？

噫，禹治洪水，劉子讚之曰：「美哉禹功，明德遠矣。微禹，吾其魚乎？」故夫子書之爲禹貢。孟子以驅蛇龍爲三聖之功，萬世之下，章章明矣。周處史尚書之，矧旌陽治鑄，除害蕩妖，爲兹郡捍連城千餘年之菑患，屹然如碣石，如砥柱，措斯民於衽席之安？生斯歌斯，則旌陽忠孝之遺澤，萬世永賴，豈不與神禹地平天成之功同一揆乎！今聖天子在位，肇脩典祀，俾知旌陽一碩儒也，而不與秦、漢、晉方士伍，則忠孝一書傳之永永無斁。是爲序。

洪武戊寅秋八月望日吉，右春坊司直郎曾剬序

淨明道師旌陽許真君傳

瓊琯紫清真人白玉蟾譔〔一〕
廬陵丹扃道人徐慧校刊

真君姓許氏，名遜，字敬之。曾祖琰，祖玉，父肅，世爲許昌人，高節不仕，穎陽由之後也。父漢末避地於豫章之南昌，因家焉。吳赤烏二年己未，母夫人夢金鳳銜珠墜於掌中，因是有娠，而生真君焉。生而穎悟，姿容秀偉，少小通踈，與物無忤。嘗從獵，射一麀鹿，中之，子墮，鹿母猶顧舐之，未竟而斃。因感悟，即折棄弓矢。刻意爲學，博通經史，明天文、地理、律曆、五行、讖緯之書，尤嗜神仙修煉之術，頗臻其妙。聞西安吳猛得至人丁義神方，乃往師之，悉傳其祕。遂與郭璞訪名山，求善地，爲棲真之所。得逍遥山金氏宅，遂徙居之。日以修煉爲事，不求聞達。鄉黨化其孝友，交遊服其德義。嘗有售鐵燈檠者，因見漆剥處，視之，金也，翌日，訪其主還之。

旌陽許真君

赫赫至神，如日行天。妙握化機，用彰體全。道本净明，行先忠孝。豈異言哉，君子之教。青城山樵者虞集贊。

校注

〔一〕「白玉蟾」，宗教録卷二亦署「白玉蟾」，不確，白玉蟾旌陽許真君傳與此不同，道藏本不署名，是。

朝廷屢加禮命，不得已，乃於太康元年起爲蜀郡〔一〕旌陽縣令，時年四十二。視事之初，誡吏胥，去貪鄙，除煩細，脱囚縶，悉開諭以道，教以忠、孝、慈、仁、忍、慎、勤、儉〔二〕。吏民悦服，咸願自新。先是，歲飢，民無以輸租，郡邑繩以法，率多流移。真君乃以神丹點瓦礫爲金，令人潛瘞于縣圃；籍民之未輸者，使服役于圃。民钁地獲金，得以輸納。屬歲大疫，死者十七八，真君以所授神方拯治之，符咒所及，登時而愈，至於沉痾，無不痊者。其他郡病而至者，日以千計。於是標竹於郭外十里之江，置符水於其中，俾就竹下飲之。其不能自至者，汲歸飲之，亦安。蜀民爲之謡曰：「人無竊盜，吏無奸欺。我君活人，病無能爲！」真君知晉室將亂，乃棄官東歸。民感惠，贏糧而送者蔽野，有至千里始還者；有隨至其家，願服役不返者，乃於宅東之隙地，結茇以居，狀如營壘，多改氏族以從真君之姓，故號許家營焉。

校注

〔一〕「郡」，道藏本闕。旌陽屬荆州，雖並不在蜀郡，却曾爲蜀漢所有。此處襲自白玉蟾旌陽許真君傳，蓋以蜀爲蜀郡，以旌陽爲德陽。雖屬訛誤，但對德陽當地宗教信仰久已産生實際影響。

〔二〕「忠、孝、慈、仁、忍、慎、勤、儉」，此即許真君垂世八寶。

真君嘗至新吴，憩于柏樹林，有女童五人，各持寶劍來獻，真君識其劍仙也，異而受之，故獲神劍之用。乃於丹陽縣黄堂靖問道於諶姆〔一〕，姥〔二〕以所受孝道明王之法併蘭公所付孝悌王銅符鐵券、金丹、寶經授之，且謂吴君曰：「君昔以神方爲許君之師；今孝道明王之道獨許君得傳，君當返師之。」二君辭謝，方心期每歲必來謁姆，姆覺之，曰：「子勿來，吾即還帝鄉矣。」因取香茅一根，南望擲之，曰：「子歸，認茆落處，立吾祠，歲秋一至足矣。」二君還，於所居之南尋訪其茆，已叢生矣。遂建祠，亦以黄堂名之。厥後，復遇日、月二帝君，授以浄明靈寶忠孝之道〔三〕。

校注

〔一〕「姆」，道藏本作「母」。

〔二〕「姥」，道藏本作「母」。

〔三〕許遜遇日、月二君云云，前此未見，爲劉玉等人所創新説。唐宋孝道派所尊爲日、月、斗三真，即孝道仙王、孝道明王及孝悌王；南宋浄明道周方文等所尊爲包括日、月在内的六真，其中日、月二真即孝道明王靈寶浄明天尊太陽上帝、孝道仙王靈寶浄明黄素天尊太陰元君。

真君嘗過黄堂，見鄉民烹宰祀神，且相詫曰：「祭不腆，則神怒降禍矣。」真君曰：「怪崇敢爾耶！」夜宿逆旅，召風雷伐之。又見民有遠汲者滿道，乃以杖刺社前涸澤，出泉以濟之，雖旱不竭。因渡江，抵朱氏之肆，主人雖貧，迎接甚敬，真君戲畫一松于其壁而去，其家即日利市加倍。嘗煉神丹于艾城之黄龍山，有蛟魅輒作洪水，欲漂丹室，真君遣神兵擒之，釘于石壁。丹成，祭于幕阜葛仙石室，然後服之。至修川，愛其湍急味堅，遂磨神劍於澗傍之石。過西安縣，分寧縣也。社伯出謁，真君詰其地分有妖物害民者，其神匿之。過一小廟，廟神迎告曰：「此有蛟孽害民。知仙君來，故往鄂渚。後將復還。」真君躡跡，追至橋側，勑吏兵驅出，誅之。怒西安社伯之不職，錮其祠門，止其享〔一〕祀，今分寧城隍廟常閉，開有火災。令祀小廟。今封協佑侯。真君聞新吴有蛟爲孽，因往捕之。蛟懼，入溪穴。乃以巨石書符以禁之。

校注

〔一〕「享」，道藏本作「祭」。

時海昏之上遼，有巨蛇據山爲穴，吐氣成雲，亘四十里，人觸在其氣中者即被吸吞，江湖舟船亦遭覆溺，大爲民害。真君乃集弟子，將往誅之。初入其界，遠近居民競來告懇。真君曰：「世運周流，當斯厄會。吾之此來，當爲汝曹除之。誓不與此蛇俱生也！」於是卓劍于地，默禱于天，良久，飛泉湧出，有赤烏飛過，遂前至蛇所。蛇懼，入穴。乃飛符召海昏社伯驅之，不能出。復召南昌社公助之。蛇出，舉頭，高十餘丈，目若火炬，吐毒衝天。乃嘯命風雷，指呼兵吏，以攝伏之。吴君乃飛步踏其首，以劍劈其顙。施君、甘君引劍裂其腹，有小蛇自腹中出，長數丈，奔行六七里，聞鼓譟聲，猶返顧其〔一〕母。弟子請追戮之，真君曰：「彼未爲害，不可妄誅。五百年後，若爲民害，吾當復出誅之。以吾壇前松柏爲驗，其枝拂地，乃其時也。」又預讖云：「吾仙去後一千二百四十年間，五陵之内當出弟子八百人，其師出於豫章，大揚吾教。郡江心忽生洲，掩過沙井口〔二〕者，是其時也。若此時小蛇爲害，彼八百人自當誅之。苟無害於物，亦不可誅也。」蛇子遂入江。今新建縣〔三〕吴城山是也。大蛇既死，其骨成洲。今號蛇骨洲。真君於經行之處，立七靖以鎮之，時晉懷帝永嘉六年壬申歲也。真君道術高妙，求爲弟子者數百人，却之不可，乃化炭爲美婦人以試之，其不爲所染污者，唯十人耳，凡周遊江湖，無不從焉。

校注

〔一〕「其」，道藏本闕。

〔二〕「沙井口」，即沙井渡，在豫章郡城章河西岸。

〔三〕「縣」，據道藏本補。

真君歸郡，周覽城邑。有一少年美風度，衣冠甚偉，通謁，自稱姓慎，禮貌甚恭，應對敏給，遽告去。真君謂弟子曰：「適者非人，老蛟之精來見試也。吾故愚之，庶盡得其醜類耳。」迹其所之，乃化爲黄牛，卧于砂磧之上。真君乃剪紙，化黑牛，往鬭之。令施岑持劍，俟其鬭酣，即揮之，中其股。牛奔入城南井中。真君遣符吏尋其蹤，乃知直至長沙，於賈誼井中出，化爲人，即入賈玉史君之家。先是，蛟精慕玉之女美，化爲一少年，謁之。玉愛其才，以女妻之。居數歲，生二子。常以春夏之交孑然而出，至秋，則重載寶貨而歸，蓋覆舟所獲也。是秋徒〔一〕還，紿〔二〕玉云：「爲盜所劫，且傷左股。」真君乃爲醫士，謁玉，至其堂，叱曰：「江湖蛟精，害物非一。吾尋蹤至此，豈容逃遁？速出！速出！」蛟精計窮，乃見本形，爲吏兵所誅。二子亦皆爲小蛟，併誅之。賈女亦幾變形，真君給以符，故得不變。真君謂玉曰：「蛟精所居，其下即水。可速徙居。」玉從之。其地果陷爲潭，深不可測。

校注

〔一〕「徒」，道藏本誤作「陡」。

〔二〕「紿」，道藏本作「詒」，通。

真君復還豫章，蛟之餘黨心不自安，乃化爲人，訪真君弟子曰：「聞賢師有神劍，願聞其功。」弟子曰：「吾師神劍，指天天裂，指地地坼，指星辰則失度，指江湖則逆流，萬邪不〔一〕敢當，神聖之寶也。」曰：「亦有不能傷者乎？」弟子戲之曰：「惟不能傷冬瓜、葫蘆耳。」蛟以爲誠然，盡化其屬爲冬瓜、葫蘆，浮泛滿江，妖氣甚盛。乃使施岑履水斬之。真君曰：「此地蛟螭所居，不有鎮之，後且爲患。」乃役鬼神於城南井，鑄鐵爲柱，下施八索，鈎鎖地脉，祝之曰：「鐵柱若亞。其妖再興，吾當復出。」由是水妖屏斥，城邑無虞。岧嶤山頂有蛟湖三所，其孔穴透大江，通饒、信。真君誅其蛟，立玉陽靖以鎮之。又鑄鐵符鎮鄱陽湖口，杜絶蛟魅出入之路。鑄鐵蓋，覆廬陵元潭，制其淵藪，仍以鐵符鎮之，留一劍在焉。明年，復遊長沙、郴、衡諸郡，所至爲民除害，凡立靖七十餘所。

校　注

〔一〕「不」，道藏本作「莫」。

明帝太寧二年，將軍王敦舉兵内向，次于湖。真君與吴君往謁，冀説止之。時郭璞先在幕府，乃因璞見之。處仲延飲而問曰：「予夢以一木破天，君等以爲如何？」吴君曰：「木上破天，乃未字也。公其未可妄動。」處仲色〔一〕變。令璞筮之，璞曰：「無成。」仲曰：「予壽幾何？」璞曰：「公若舉事，禍將不久。」仲怒曰：「君壽幾何？」璞曰：「壽盡在今日日中。」仲大怒，令武士擒璞，斬之。真君舉杯擲起，化爲白鴿，飛繞梁間。仲一舉目，已失二君。處仲竟敗。二君還至金陵，召龍挾舟，從廬山紫霄峰金闕洞還至天寶洞〔二〕，遂歸舊隱。日與弟子講究真詮，數十年間，不復以時事關意。平時出處，不異常人，但所居鳴鶴飛翔，景雲旋繞而已。

校　注

〔一〕「色」，道藏本誤作「已」。

〔二〕「天寶洞」，在豫章西山，今石埠鄉新庵里尚保存有摩崖石刻天寶觀修造記（擬題）。

至孝武帝寧康二年甲戌八月朔旦，有雲仗自天而下，二仙降庭，宣玉皇詔，曰：「上詔學仙童子許遜：卿在多劫之前，積修至道，勤苦備悉，經緯逾深，萬法千門，罔不師〔一〕歷；救灾拔難，除害蕩妖，功濟生民，名高玉曆，衆真推仰，宜有甄昇。可授九州都仙太史兼高明大使，賜紫綵羽袍，瓊旌寶節，玉膏、金丹各一合。詔至奉行。」真君再拜，登階受詔。一仙曰：「余乃玉真上公崔子文。」一仙曰：「余乃元真上卿瑕丘仲。」告真君以沖舉之期，遂去。真君乃召門弟子與鄉曲耆老，諭以行期，設飲宴以叙别。又與十一弟子，各爲五言二〔二〕韻勸誡詩十首。

校注

〔一〕「師」，道藏本誤作「斯」，三洞群仙録序、白玉蟾旌陽許真君傳、西山許真君八十五化録、許太史真君圖傳、歷世真仙體道通鑑等俱作「師」。

〔二〕「二」，道藏本誤作「一」，白玉蟾旌陽許真君傳、西山許真君八十五化録、許太史真君圖傳、歷世真仙體道通鑑等俱作「二」。

是月望日，大營齋會，少長畢至。日中，遥聞音樂之聲，祥雲四布，羽蓋龍車，從官兵衛、仙童綵女前後導從。二詔使又至，復宣詔曰：「上詔學仙童子許遜：脱子前世貪殺、匿不祀先祖之罪，録子今生行符咒水治病、罰惡贓毒之功。已仰潛山司命官傳金丹於下界，閉精〔一〕封形，迴子身及家口厨宅百好歸三天。子急浄穢，背土凌空。左大力天丁與流金火鈴，照辟中黄，無或散漫。仍封遠祖由玉虚僕射，曾祖琰太微兵衛大夫，先祖玉太極把業録籍典者，父肅中岳仙官。賜所居宅曰仙曹左府。」玉真上公曰：「卿門弟子雖衆，唯六人合從行，餘各自有超舉之日。」乃揖真君昇龍駕，命陳勳、時荷持册前導，周廣、曾亨驂御，黄仁覽與其父族侍從，盱烈與其母部從仙眷，四十二口同時昇舉，雞犬亦隨逐飛騰。留下修行鐘并一石函，曰：「世變時遷，即爲陳迹，聊以爲記。」有僕許大者，與其妻市米於西嶺，聞真君飛昇，即奔馳而歸，車覆，遺米於地，米皆復生。比至，哀〔二〕泣，求從行。真君乃授以地仙之術。夫婦皆隱于西〔三〕山中。仙仗既舉，有頃，墜下藥臼、車轂各一，又墜一雞籠。并鼠數枚隳地，雖拖腸而不死，意其嘗竊食丹藥也；後人見之，必爲瑞應焉。初，真君回自旌陽，奉蜀錦於諶姥〔四〕，製以爲殿帷；至是，忽飛來，旋繞於故宅之上，復入雲霄。真君生於吴大帝赤烏二年己未正月二十八日，住世一百三十六年。凡參學浄明弟子，皆尊之曰「道師君」〔五〕。

校注

〔一〕「精」，道藏本及三洞群仙録序、詔旌陽許真君碑、西山許真君八十五化録、許太史真君圖傳、歷世真仙體道通鑑俱作「債」。白玉蟾旌陽許真君傳，明正統道藏本作「蹟」，元建安余覺華勤有堂刊本新刊瓊琯白先生玉隆集作「債」。

〔二〕「哀」，原書破損，存下半，據道藏本補。

〔三〕「西」，道藏本闕。

〔四〕「姥」，道藏本作「姆」。

〔五〕「凡參學浄明弟子，皆尊之曰『道師君』」，此説前此未見，爲劉玉等人所創新説。南宋浄明道周方文等尊許遜爲度師、張道陵爲監度師、吴猛爲籍師、諶姆爲經師、孝道仙王與孝道明王爲祖師。

真君既飛昇之後，里人與其族孫簡，就其地立祠，以所遺詩一百二十首寫之竹簡，令人探取，以卜吉凶，名曰聖籤。其鐘、車、函、臼，並藏于祠。隋煬帝時，焚修中輟。唐永淳中，天師胡惠超重興建立，明皇尤加寅奉。宋朝太宗、真宗、仁宗皆賜御書，改賜額曰「玉隆」，仍禁名山樵采，蠲租賦。政和二年，徽宗降玉册，上尊號曰「神功妙濟真君」。政和六年，改觀爲宮，仍加「萬壽」二字。

五月一日，旨付禮部，云：「朕因看書于崇政殿，恍然似夢，見東華門北一道士，戴九華冠，披絳章服，左右童子持劍、紼，皆衣青，後有二使者緑衣道裝，捧印、杖，前至丹墀，起簡揖朕，攀左龍尾上殿。朕疑非人間道士，因問：『卿何人？不詔而至。』對曰：『吾爲許旌陽，權掌九天司職。上帝詔往按察西瞿耶國，經由故國，觀見妖氣，故來相訪。』朕請坐而問曰：『此患爲何？』答曰：『湖南、湖北三十六萬絹綱入水。此實小龍爲害。蓋先朝不合封此子爲王。當永嘉之戮，自拆母〔一〕腹而奔走，未及害人，因而赦之。今乃輒爲國家之患，俟吾還，當有處分，不令住於江、淮間矣。』朕夢中謝之，復問曰：『朕患安息瘡，諸藥不能愈。真君有藥否？』即取小瓢，傾藥一粒，如菉豆大，呵咒抹於瘡上，覺如流酥灌體，入骨清涼。遂揖而去。行數步，復回顧曰：『吾弊舍久矣寥落，願聖皇舉目一看爲幸。』朕豁然而覺。」不數日，有司奏到，果然絹綱被風濤覆没。即取圖經考之，見分寧縣梅山有許氏磨劍池。詔畫像如夢中所見者，賜上清儲祥宮，以係省官錢新換〔二〕。數月後，復夢真君回，如初，謝上曰：「分寧乃昔經行之處，重勞建造。吾卜地西山，遺迹俱存，但屋宇隘陋，不足副四方瞻視。幸陛下一修整之耳。」上寤，即詔洪州改修玉隆萬壽宮。建炎中，金人寇江左，欲火宮庭，俄而水自楹桷間出，火不爇。虜酋大驚，乃書壁云：「金國龍虎上將軍來獻忠，被授元帥府上畔都統，大軍屆〔三〕兹，遍觀聖像，裝嚴華麗，不敢焚毁。時天會八年正月初二日記。主觀想知悉。」戢兵而去。

校注

〔一〕「母」，道藏本誤作「毋」。

〔二〕以上文字删略過甚，據白玉蟾旌陽許真君傳，新换者乃分寧縣許氏旌陽觀。

〔三〕「屆」，道藏本作「毁」。

凡真君所遺物，皆有神守護，不可觸犯。殿前手植柏，其榮悴常兆宮之盛衰，剪以煎湯，無疾不療。丹井舊有神龍出没，胡〔一〕洞真以符石鎮之。鐵柱，唐嚴譔作州牧，心頗不信，嘗令發掘，俄迅雷烈風，江波泛溢，城郭震動。譔懼，叩頭悔謝，久而後止。又强取修行鐘置之僧寺，擊之，聲如土木，乃送還宮。車轂，州牧徐登令取至府，猶未及觀，即夕飛還。石函雖有竅縫，而不可開。唐張善安竊據洪州，强鑿開之，其蓋内丹書云「五百年狂賊張善安開之」。善安懼，磨洗其字，終不能滅，遂藏其蓋。凡真君遺迹，絶〔二〕有異處。

如龍沙側之磨劍池，其沙壁立，略不湮塞。新建縣之嘆旱〔三〕湖，水蛭至多，以藥投之，永〔四〕絶。松湖市之旅邸，至今無蚊蚋。豐城縣桫〔五〕針洞，蛟入其中，以杉木楔之，至今不朽。奉新縣之藏溪，蛟藏其中，以劍劈裂溪傍巨石，書符鎮之。如此等類，莫可殫舉。

校注

〔一〕「胡」，道藏本於其上有「後」字。

〔二〕「絶」，道藏本闕。

〔三〕「旱」，道藏本誤作「早」。

〔四〕「永」，原作「水」，據道藏本改。

〔五〕「桫」，道藏本作「杪」。

皇〔一〕元成宗皇帝加封號曰「至道玄應神功妙濟真君」。

校注

〔一〕「皇」，道藏本闕。

淨明經師洪崖先生傳

廬陵丹扃道人徐慧子奇校刊

經師姓張，名氳，號洪崖，又名蘊，字藏真，世代皆莫詳，與赤松子俱爲神農師，真誥云「洪崖先生，今爲青城仙伯」是也。隋〔一〕時，復出現於晉陽之姑射山，又現於豫章之西山，讀書、釣魚於城西河岸之石磯，今釣魚臺是也。開皇九年，改豫章爲洪州，以先生故也。

校注

〔一〕「隋」，原作「陏」，據道藏本改。

先生身長七尺五寸，眉目踈秀，語音如鐘，善琴、書，喜長嘯。嘗遇日、月二君，授以淨明靈寶忠孝之道〔一〕。時戴烏帽，或時角巾，或櫳椽巾，披〔二〕鹿裘，或衣紅焦葛衫，烏犀帶，短靿韈。每行，則乘一白騾曰「雪精」，從五童子，名狀並怪，曰「橘」、「栗」、「朮」、「葛」、「柮」，負六角扇、垂雲笠，又曰「白藤笠」〔三〕。方木鐙、二玄書、木如意、筇竹杖、長生瓢、魏惠壺、不柱杓。又曰「長盈壺」、「常〔四〕滿杯」，自然流酌。出入城郭，朝來暮去，人莫測其蹤。

洪崖張真君

上古至人，可知者名。孰執其御，五行之精。姑射之南，洪崖之里。如將見之，雲蒸霧起。青城山樵者虞集贊。

校注

〔一〕張氳遇日、月二君云云，前此未見，爲劉玉等人所創新説。

〔二〕「披」，道藏本、宗教録作「被」。

〔三〕「又曰『白藤笠』」及下文「又曰『長盈壺』、『常滿杯』，自然流酌」，原作大字，據文意改作小字。

〔四〕「常」，道藏本、宗教録作「長」。

唐武后聖曆中，召，不赴。玄宗開元中，復召見於湛露殿。上從容問曰：「聞先生善長嘯，可得聞乎？」於是應聲而發，音韻清絶。上曰：「朕何如堯、舜？先生何似許由？」先生對曰：「陛下道超堯、舜，臣德謝許由。昔堯召許由而不至，今陛下召臣而臣來。」上嘉之，拜太常卿，累至司徒，皆不受。一日，奏曰：「陛下何惜一山一水，不令臣追蹤巢、由。」乃詔還山。遂絶粒服氣，時時出没往來於西山、姑射二山，多遊終南、太華、青城、王屋山中，與東、羅二大師爲侶，每述金丹華池之事、易形煉化之術，人莫究其微妙焉。

又每日乘白騾，領僕從，由西山渡章江入洪城，人未有見其返者。一日，章江舟人心切疑之，遂戒其子躡踪，觀其所以。乃賣藥周遊市中，卒之晉尚書潛惠武陽彭仙故宅宗華福地，今彭真觀是也，與其學仙之徒掃石焚香，談玄閱祕，圍棋握槊，諷詠逾時。已而乘白騾，與僕從俱入彭仙舊煉丹井中而去。舟人子復躡其後，而先生未之知。其中道塗坦然，行未久，忽聞櫓聲，舟人子曰：「此我舟中櫓聲也。」先生始覺。問之，乃實告其故。復問曰：「汝願偕往否？」曰：「不願。」於是令其瞑目，以手摩其頂，舟人子即在舟中矣。自是不復入城，如此者九十三年。後隱去，不知所終。

今西山有洪崖井，與烏晶源〔一〕爲鄰，深不可測，無冬夏，飛流奔瀉，若雷殷地中，人雖對語，亦莫能聽，三伏炎蒸，寒氣襲人，毛髮森竪，古傳與彭仙丹井通焉。井畔多楓樹，先生丹成，跨雪精從楓樹升雲鄉，至今楓〔二〕上有雪精遺跡。井之西有紫清宫，舊爲應聖宫，即先生棲真所也。有三詩刻于石，其一曰：「去歲無田種，今春乏酒材。從他花鳥笑，佯醉卧樓臺。」其二曰：「下調無人采，高心又被嗔。不知時俗意，教我若爲人？」其三曰：「入市非求利，過朝不爲名。有時陪俗物，相伴且營營。」嘗注老子、周易、三禮、穀梁傳，作高士傳〔三〕，行于世。凡參學淨明者，尊爲「經師君」〔四〕。

校注

〔一〕「源」，諸本同，據劉玉傳，當作「原」。

〔二〕「楓」，道藏本、宗教録作「樹」。

〔三〕「作高士傳」，道藏本、宗教録闕。

〔四〕「凡參學淨明者，尊爲『經師君』」，此説前此未見，爲劉玉等人所創新説。

浄明法師洞真先生傳

廬陵丹扃道人徐慧子奇校正刊

先生姓胡，名慧超，一名化俗，字拔俗。不知何許人，亦莫詳其年。人問之，則曰：「今年五十二歲。」後數十載問之，亦復云然。容貌雄偉，氣宇魁岸，獨處則無異於常人，在衆中則獨出人一頭，故時人稱之曰「胡長仙」。逢人不執手板，擎拳而已。嘗遇日、月二君，授以浄明靈寶忠孝之道〔一〕。神妙無方，人莫能測。

校　注

〔一〕胡慧超遇日、月二君云云，前此未見，爲劉玉等人所創新説。

唐初，隱於洪州西山之洪井，時往來洪城。一日，散步市中，見一民家悲戚。先生問之，答曰：「城側有廟神，歲擇女子以配。吾女明日當行，是以悲也。」先生曰：「吾當爲汝除之。」於是，嘯命風雷，焚擊神廟併廟側一巨樟，根下白骨無數，拔其根，擲于江中，逆流而上，至清江境，今樟樹鎮即其地也。州人感激，於廟所立觀，今豫章玄妙觀是也。

洞真胡真君

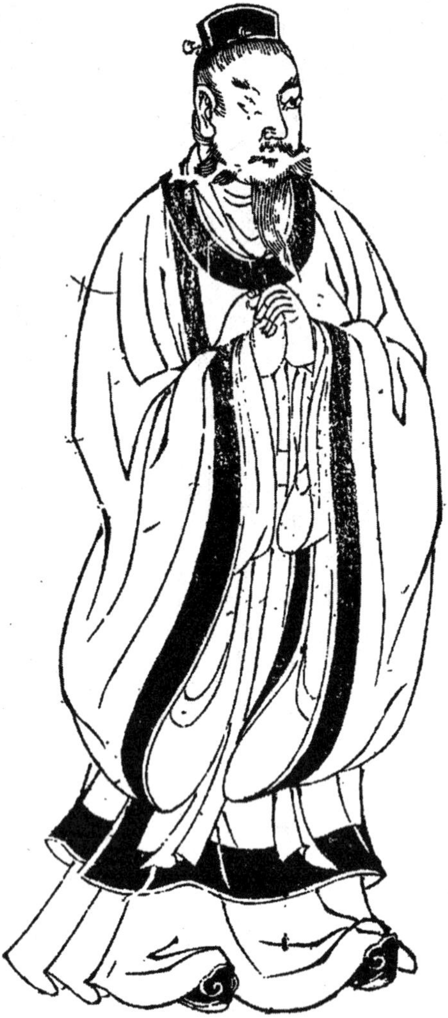

長身奮髯，威動天應。神工效能，物怪潛屏。來乘長風，去淩紫煙。知德猶希，況問其年。青城山樵者虞集贊。

唐貞觀中，太宗皇帝聞風召之，不赴。高宗即位，復召，先生乃赴，館于禁中。時宮中有妖，夜出傷人。上曰：「禁中有妖，師能除之否？」先生曰：「諾。」乃徧行宮中，至西掖垣下，指曰：「妖在此。」命武士掘之，入地數尺，得老狐十數隻併白骨甚多，殺之，妖乃絶。上大悅。賞錫皆不受，力求還山。上許之，詔百官祖餞，御製詩爲别。乃還居西山游帷觀。時觀荒廢，先生因問主觀〔一〕「胡不修葺？」答以乏材〔二〕力。先生徑往。不逾月，以木栰至高安樟木江口。距九十里，命筏人緊繫縛，各就宿江岸。臨暮，飛墨符一道。中夜，烈風雷雨。比明，筏已在壇下矣，淩抹嶺谷，所當之路，林木披靡。又於山下發一窖，出錢三百千，爲工役之所需應。殿宇非人所居〔三〕者，皆夜役鬼神爲之。門外鑿七井，以禁火灾。

校注

〔一〕「主觀」，據咸平重鐫唐聖曆鐘銘，周聖曆元年游帷觀觀主爲上清道士熊文行。

〔二〕「材」，道藏本、宗教録作「財」。

〔三〕「居」，道藏本、宗教録作「爲」。

則天復召見於武成〔一〕殿，問神仙事。先生止陳「道德，帝王治化之源」，即辭乞還山。敕遣使賫金璧送歸。行次單父，賜書曰：「先生道德高尚，早出塵俗，如軒曆之廣成、漢朝之河上，遂能不遠千里，來赴三川。日御先開，望霓裳之漸遠；天津後渡，瞻鶴蓋以方遥。空睇風雲，惆悵無已！」還，於洪崖先生古壇煉丹，首尾三年。詔趨詣闕，館于禁中。一朝遁去。上歎恨久之，遣使賚贈甚厚。還，居西山盱母靖，曰：「吾昔到此，客于盱母。今已數百年。」長安三年，命弟子於游幃觀之西北伏龍〔二〕造磚墳，藏太玄真符二，七星劍、靈寶策杖各一，三日而訖。先生正衣冠，坐繩床。空中雲鶴旋繞，牆外人馬之聲不絶，而先生已化矣。州具以聞，朝命賜謚曰「洞真先生」。凡參學浄明弟子，皆尊之曰「法師君」〔三〕。

校注

〔一〕「成」，原作「城」，據道藏本改。

〔二〕據大周洪崖山洞真先生胡尊師碑，胡慧超葬西山盱母靖西舍近山。

〔三〕凡參學浄明弟子，皆尊之曰「法師君」，此説前此未見，爲劉玉等人所創新説。

浄明〔一〕監度師郭先生傳

廬陵丹扃道人徐慧子奇校正刊

先生姓郭，名璞，字景純，河東人也。好經術，博學，有奇才，而訥於言論；善詞賦，爲東晉之冠；好古文奇字，妙於陰陽術數。有郭公者，客河東，精於卜筮。先生往師之，公以青囊書九卷授之，由是洞達五行、天文、地理、卜筮之術，爲人禳灾轉禍，妙用無方。

惠、懷之際，先生知中原將亂，乃避地東南。抵將軍趙固，會固所乘良馬死，固惜之，不接賓客。先生曰：「吾能活馬。」吏入白，固出求教。先生曰：「令健夫二三十輩皆持長竿，東行三十里，有丘林社廟，便以竿拍之。當得一物，急持以歸。得此，活馬矣。」固如其言，果得一物如猴，持以歸。此物見死馬，即嘘吸其鼻。頃之，馬起如常，物忽不見。

校注

〔一〕「浄明」，原無，據道藏本補。

景純郭真君

洞陰徹陽，經山緯水。世傳其書，孰究本始。我懷遊仙，千仞青谿。天高月明，龍吟鶴飛。青城山樵者虞集贊。

元帝渡江後，王導辟爲參軍。先生事母至孝。母死，自卜葬地於暨陽，去水才百步。人以近水爲言，先生曰：「即爲陸矣。」未幾沙漲，去墓數十里皆爲桑田。明帝大明二年甲申，王敦舉兵反，次于湖，先生往見之。敦曰：「吾夢以一木破天，此何祥也？」先生曰：「二木破天，乃未字也〔一〕。明公舉事，必敗無成。」因極言忠孝之大義。敦怒曰：「吾壽幾何？」先生曰：「若恪守臣節，壽未可量。若改之不速，禍將不久。」敦曰：「君壽幾何？」先生曰：「吾命盡今日日中。」敦愈怒，命斬之。即有見先生於丹陽市者，世以爲「兵解」云。所著詩、賦、誄、頌數萬言，洞林經六十卷，新林十卷，卜韻一篇，註爾雅、三蒼、方言、穆天子傳、山海經，皆傳于世。凡參學淨明弟子，皆尊曰「監度師君」〔二〕。

校注

〔一〕「二木破天」云云，不見於搜神記、搜神後記及晉書郭璞本傳，最早見於胡慧超十二真君傳，解夢者非郭璞，而爲許遜、吴猛及郭璞等三人。

〔二〕「凡參學淨明弟子，皆尊曰『監度師君』」，此説前此未見，爲劉玉等人所創新説。

西山隱士玉眞劉先生傳

應召通眞靈妙明德法師、教門高士、玉隆萬壽宫提舉宫事許宗聖譔

先生姓劉，諱玉，字頤眞，玉眞子其號也。其先番陽〔一〕石門人。高祖宗翰遷南康建昌，名所居里曰石門，示不忘本也；宋紹興中擢第，授滁州來安簿，世傳詩、禮。父剛，母鄔氏，以寳祐丁巳八月二十日生先生。是蚤〔二〕，紅霞覆屋，鄰曲駭異。其父再遷隆興新建忠孝鄉。先生夙有卓識，五歲就學，讀書務通大義。弱冠，父母繼亡，居喪盡禮。家貧，力耕而食，視塵世事不足爲，篤志於神仙之學。

校注

〔一〕「陽」，道藏本、宗教録作「昜」。

〔二〕「蚤」，道藏本、宗教録作「早」。

玉真劉真人

黄堂有宫，西山正中。白雪丹霄，古仙奇逢。神叟玄徵，爲道綱紀。身先八百，維玉真子。青城山樵者虞集贊。

初，都仙太史許真君以晉寧康甲戌歲於豫章西山昇仙，嘗留讖記云：「吾仙去後一千二百四十年間，五陵之内當出弟子今作「地仙」，誤也。八百人，師出豫章河西岸，大揚吾教。郡江心忽生沙洲，掩過沙井口者，是其時也。」至建炎戊申，僅七百年，兵禍煽結，民物塗炭，何真公〔一〕等致禱真君，匄垂救度。既而降神渝川〔二〕，諭以辛亥八月望當降玉隆宮。至期迎俟，日中雲霧鬱勃，自天而下，由殿西徑升玉册殿〔三〕，降授飛仙度人經、浄明忠孝大法〔四〕。真公得之，建翼真壇，傳度弟子五百餘人，消禳厄會，民賴以安。迨今二百餘年，其法寖微。

校注

〔一〕「何真公」，指何守證，紹興元年翼真壇降經的主要參與者。建炎二、三年間降經的主要參與者實爲周真公，即周方文。

〔二〕「渝川」，即渝水，在臨江軍新喻縣，代指新喻。「降神渝川」即靈寶浄明新修九老伏魔秘法何守證序所謂「六真降神於渝水」，所降之神非許遜，實爲含許遜在内的六位仙真。

〔三〕「殿」，指正殿，爲宋時玉隆萬壽宫六大殿之一。「玉册殿」當指玉册閣，爲宋時玉隆萬壽宫五閣之一。

〔四〕飛仙度人經、浄明忠孝大法均爲建炎間渝水六真所降，非紹興元年翼真壇許遜所降。

至元壬午，朝命改隆興路爲龍興。其年五月，章江門外生一洲。是秋，先生經行西山瀉油岡，遇洞真天師胡君，告以姓字。先生拜問曰：「天師胡爲在此？」曰：「龍沙已生，净明大教將興，當出八百弟子，汝爲之師。歲在丙申臘月庚申，真君下降子家。子際遇如何真公，特〔一〕今在子夜，故來告子。」言訖不見。先生心竊自喜。

校注

〔一〕「特」，道藏本、宗教録誤作「時」。

明年春，復於玉隆禁山遇之，即下拜。胡君曰：「吾今再來，實傳真君之旨。可尋西山中黄堂山烏晶原，建玉真壇以栖隱。當知真君即太陽帝君化生。仙傳謂生身有金鳳銜珠夢兆者，非也。乃日中金烏流精，在天爲氣，在地成形，鴻濛開闢，降於洪井，却至海藏。至真君降世，乃由扶〔二〕桑之墟，下貫崑崙之頂，乃從風輪水淵由地中行，騰出洪崖之井，以應西山之氣，故其地名曰『烏晶〔三〕原』。蓋日、月二君屬記，真君以爲後代傳道之信。其所在之處，萬靈護持，出没變化，非容人力。真君降於吴赤烏己未歲正月二十八日戊午。己未爲火，在天上初元。戊午表太陽也。二年己未表餘氣化生也。正月表人道始於寅也。二十八日表近晦而續明也。天啓仙運，年符赤烏。其後，海昏誅蛇，有赤烏飛過，亦應此耳。今仙運將周，烏晶出現，其在青羊之歲、上元之辰，紫清宮中，子得以鎮靖廬，大教興矣。」因與言淨明之旨，踰時而別。及出山，已越兩日。先生自是益加精進。又於孝行里立騰勝道院，以善道勸化，遠近聞知，嚮仰〔三〕從游者衆。

校注

〔一〕「扶」，原作「摶」，據道藏本改。

〔二〕「晶」，原作「精」，據道藏本改。以下四處同改。

〔三〕「嚮仰」，道藏本、宗教録作「仰嚮」。

甲午十一月甲子，遇水府仙伯郭君，教以經山緯水之術，遂遊黃堂山烏晶原尋訪，果得魏道人故居，乃昔日真君修真之所，而又洪崖先生張君舊隱。地隸紫清，以田易之，而卜築且定居焉。靈官鄧君貽詩有曰「洪崖尋舊跡，合讖於松沙」者，謂此也。

元貞乙〔二〕未正月甲寅，先生神遊玉真府，遇真君與張君、胡君玉真朝元回。先生作禮，真君顧令先生求見陽烏，張君袖出三足烏示之。上元庚申，先生往紫清，與弟子王真定、方公成登拍洪樓，焚香默禱，聞硫氣郁烈，倚闌候望，倏有流光飛墜鑪間，俯視，則烏晶在焉，大如椰子，非鐵非石，而黑潤沉重，受而藏之。是夕，胡君授以大道説。明年歲晚，復至紫清，告諸弟子以師君將降，約同候迎。十二月庚申，王真定、方公成、胡次由輩同集先生之舍，先生曰：「有一士緣重，當不召而至。」是夕，雪大作，初更時，玉隆宮法子黄元吉忽至。先生曰：「天寒歲晚，遠來何爲？」元吉曰：「夜來夢胡天師告曰：『劉玉真家有盛事，汝可速往。』故來。」先生於是與諸弟子明燎爇薰，至诚以俟。夜將半，先生凝望虚空，忽曰〔二〕「師君至」，亟率弟子下階迎拜。黄氣瀰漫，非烟非霧，擁升堂上，降授玉真靈寶壇記，紙尾署云「弟子劉玉可〔三〕丁酉正月甲子朔旦登山巔，授至道」。頃之，光景豁散。既而郭君授以壇疏。

校注

〔一〕「乙」，原作「己」。

〔二〕「忽曰」，道藏本、宗教録作「倏忽間」。

〔三〕「可」，道藏本、宗教録誤作「真」。

除夕寒雪陰霾，先生清齋以待，夜過半，山堂門開，介胄神人至前曰：「真君召子。」乃篝燈躋攀而上，仰視天星朗然。少焉，仙駕降，先生瞻禮，以柏葉藉棗、橘以進。真君告曰：「兹山前俯鸞岡，後據鶴嶺。吾昔修真時於此朝禮太上，太上命日、月二君降此，授吾至道，是名靈寶朝天壇。吾今亦於此授此中黄大道八極真詮，子當敬受。吾八百弟子，汝爲首英，名氏悉在華林八百洞天，久矣刻書青琅，高揭丹崖。更當勉勵弟子，不昧心君，不戕性命，忠孝存心，方便濟物，異日功成果滿，胥會洞中，顧不樂歟！此外，精心奉教，隨所脩積，各享其報，終不沉墮。若有不自提策，勤始怠終，則有風刀之考。子今恢演教法，積累功勳〔一〕，再世三生，鍊消陰滓，登晨白日，如吾無異。勉之！勉之！」言畢高舉，先生拜送，瞻望極目〔二〕而還。十月甲午，寓玉隆清逸堂〔三〕。丙申，胡君復來，授以道法說及三五飛步正一斬邪之旨。由是開闡大教，誘誨後學。

校注

〔一〕「勳」，原作「勤」，據道藏本改。

〔二〕「目」，道藏本誤作「日」。

〔三〕「清逸堂」，爲宋時玉隆萬壽宮三十六堂之一，黄元吉之師朱尊師即清逸堂道士，黄元吉亦隸清逸堂。

其法以忠孝爲本，敬天崇道、濟生度死爲事，簡而不煩〔一〕。諸弟子問曰：「昔何真公所傳稍繁，今先生所授極簡，何其不同？」先生曰：「昔紹興之時，仙期懸隔，權以救世，以法弘教，故繁。今龍沙〔二〕已生〔三〕，仙期迫近，急於度人，以道宏教，故約。此所以異。然其至則一，無庸疑。」因謂曰：「吾與若輩幸以宿因，遭逢大教，喜慶難言。今靖〔四〕盧粗備，相與首致華封之祝，以寓吾忠；次伸追遠之誠，以昭吾孝；脩身慎行，植德行道，可無愧矣！今爲若輩懇師君請降日精月華，煉度先亡，以除冥累。」十月望，乃登朝天壇，露香敷奏，席地存神，置二陶器於壇上。俄東西有〔五〕飛光二道，如金線，自天際注器中，左液如丹，右津如汞，用以書符，訖事，無餘。越七日，弟子咸夢先亡言：「感真君拯拔陶鑄，返陰生陽，已升仙階矣。」

校注

〔一〕「煩」，道藏本、宗教録作「繁」。

〔二〕「龍沙」，即松沙，即章江心所生沙洲，正對沙井口者。許遜所遺讖記又稱松沙讖、龍沙讖等。

〔三〕「已生」，原書破損，據道藏本補。

〔四〕「今靖」，原書破損，據道藏本補。

〔五〕「有」，道藏本、宗教録作「布」。

明年十月庚申，郭君復至，授以法説。而鄧君數來談易，故先生於易尤邃。方公成嘗言爻象，夜分風動燭滅，先生一噓而燭復然，公成驚問，先生徐曰：「子言紙上之易，而未知身中之易。如知之，則已滅者可復明，又何所怪？」公成下拜，願卒爲弟子。居常與群仙接對，而張、胡、郭、鄧爲密。張君嘗招之過洪井，擲扇水中，命之浮渡；又與如意丹方〔一〕，令采洪井石蒲爲藥，以施病者。郭君嘗引遊水府，見門下鎖一巨青猴，指曰：「此神禹所禁巫支祁也。」先生雖道行日隆，而益自韜晦，間爲人祈禬禳解，無不出奇。隱真、洞真靖廬次第興建，諸品祕要相繼授受。

校注

〔一〕如意丹方，初見於白玉蟾旌陽許真君傳，其方含藥十八味，以治疫爲主，元、明以來廣爲流傳，唯所傳或十七味或十八味，至清復衍爲十九味。

至大戊申正月丁卯，投烏晶於洪井，曰「緣重者得之」。即以傳教之任付黄元吉，謂曰：「吾此生爲大教初機而來，異時再出，當與八百弟子俱會。今陽數將終。身謝之後，以吾遺體静夜火之，復骨于招賢之原，三年將遷瘞海島。」二月癸巳，如紫清宫、翠岩寺告別。甲午，示疾，弟子畢集。丙申晨興，端坐榻上，日正中，舉手拱揖，就榻側卧而逝，春秋五十有二。弟子遵遺旨而送終。後三年，啓窆視之，唯存空函。

先生之學本於正心誠意，而見於真踐實履，不矯亢以爲高，不詭隨以爲順，不妄言〔一〕、不多言，言必關於天理世教，於三家〔二〕之旨了然解悟〔三〕，而以老氏爲宗。有玉真語録、浄明秘旨，凡一百三十七品云。

校注

〔一〕「言」，道藏本、宗教録作「語」。

〔二〕「家」，道藏本作「教」。

〔三〕「悟」，原書破損，存下半，據道藏本補。

贊曰：大道行於天下，而開忠孝之門者爲獨超；師匠富於通代，而應千年之記者爲希有。玉真先生致知格物之妙，閑邪存誠之幾，儒而不迂，道而有效。觀師君示誨諄諄，復付託殷勤，蓋其宿緣素習，要非偶然者。苐以大教肇露，仙運昨開，蓄之正深，發之猶薄。雖曰受上真之眷顧，而翳迹閭閻，世莫之識；感玄象之吐華，而脱略邊幅，不異常人。嗚呼！何時再來下土，披蕙幌〔一〕、拂雲扃，提絜群真，使歸清寥之極峻邪！

校注

〔一〕「幌」，原誤作「愰」，據文意改。

中黄先生碑銘

奉訓大夫、祕書少監虞集譔並書

應奉翰林文字、從仕郎、同知制誥、兼國史院編脩曾巽申篆額

黄君元吉，字希文，豫章豐城名族。父良俊，母吴氏〔一〕。年十二，入玉隆萬壽宫，事清逸堂朱尊師。朱殁，其師王月航尊師愛而教之。王尊師嚴潔清儉，有古人之意，善醫藥，施謝之積粗贍，即閉户〔二〕絶來求醫者。希文請授其術以爲業，王尊師不可，曰：「吾非有靳於子也。顧醫道甚精微，識慮稍不至，則人由我而死，非易事也。將以此爲利，益不宜。吾幸得舍此不爲，冀寡過耳。誠慮返累子，不如歸求清浄〔三〕，以自致也。」

校　注

〔一〕「氏」，原闕，據道藏本補。

〔二〕「户」，學古録作「門」。

〔三〕「浄」，道藏本作「静」。

中黃真人

守神明廬，折忠孝理。抱樸無營，含章有美。冠褐蕭蕭，眉宇堂堂。孰繼玉真，其維中黃。葛谿曾巽申贊。

王尊師没，久之，西山中有劉玉真先生者，本質行老儒，隱居深僻，有神明之遇，曰「晉旌陽許君〔一〕千年龍沙之記，今及其時，而劉則八百仙人之首」云。獨重希文，以爲可托。及去世，以其傳囑焉。蓋其説以本心浄明爲要，而制行必以忠孝爲貴〔二〕而已。希文事劉先生如父，事其夫人如母，苟遠去，飲食必祝之而後嘗；奉其言如臨天地鬼神。乃即其山擇地立〔三〕玉真、隱真、洞真之壇，以授弟子。

校注

〔一〕「君」，學古録作「公」。

〔二〕「貴」，學古録作「貫」。

〔三〕「擇地立」，學古録作「作」。

至治三年，又以其説游京師，公卿大夫士多禮問之，莫不歎異。明年，太〔一〕定改元，嗣漢三十九代張天師朝京師〔二〕，廷臣薦希文者曰：「中黄先生〔三〕剛介堅鷙，長於幹裁。嚮嘗都監其宫，治衆嚴甚，人或不樂；而土田之入，廬舍之完，公而成功，昔爲忤者更交譽之、親之。其後從玉真先生〔四〕得旌陽忠孝之教，蓋〔五〕折節就沖澹，爲達人鉅公前席，宜表異之。」乃爲書請希文爲浄明崇德弘道法師、教門高士、玉隆萬壽宫焚修提點。未行，玄教大宗師留之崇真萬壽〔六〕宫。期年，將以其名上聞，奏且上，有璽書之賜；而希文翛然高居，唯以發明其師説爲己事。古〔七〕所謂「清虚日來，滓穢盡浄」者，蓋庶幾焉。

校注

〔一〕「太」，道藏本同，原碑、元刊本或即如是。宗教録，上海圖書館藏本同，北京大學圖書館藏本改作「泰」。

〔二〕「師」，學古録同，道藏本、宗教録闕。

〔三〕「先生」，學古録作「公」。

〔四〕「先生」，學古録作「翁」。

〔五〕「蓋」，宗教録改作「益」。

〔六〕「萬壽」，學古録無。

〔七〕「古」，學古録同，道藏本、宗教録誤作「有」。

十二月十一日，爲書寄别其弟子陳天和等，而命從者曰：「今夜子時當報我。」及期，從者以告。希文曰：「吾返玉真之虚〔一〕矣。明日用火浄吾骨於城東門外，薪盡火絶，有風南來者，吾報女〔二〕也。」已而果然。從者負其遺劍將歸，藏西山。希文在世五十五年，爲道士四十年，度弟子陳天和、劉真傳、熊玄暉、劉思復、黄通理，授浄明忠孝之教者，人衆不可備列。

校注

〔一〕「虚」，道藏本、宗教録作「墟」。

〔二〕「女」，道藏本、宗教録作「汝」。

中山趙先生，有道之士也，嘗與希文俱，來爲之言曰：「子爲銘其藏。」予重趙君之請，故爲之〔一〕銘，曰：

西山之墟古仙宅，奇蹤一隱兩五百。陽晶〔二〕發輝表靈赫，我與受書繼玄德。長生不死爲世則，忽焉去之不可測。鏘金爲音玉爲畫，表歸真土塡無極。

校注

〔一〕「之」，學古録闕。

〔二〕「晶」，學古録作「品」，道藏本、宗教録誤作「精」。

予過玉隆，讀虞祕監所作中黄黄尊師墓銘。予昔京師時，知中黄以浄明忠孝之學見知于平章張蔡公、中丞趙迂軒公。祕監又以其學力薦於予叔父上卿玄教大宗師。叔父方將聲其實於朝，而中黄乃仙游矣。予以真土題其墓，復賦詩識悲。集賢待制番昜吳善稽首。

潔潔西山鶴，摶霄竟不歸。空林弔形影，真土葬毛衣。

陪駕飛仙遠，題詩過客稀。言懷忠孝語，清淚不勝揮。

丹扃道人事實

丹扃子，姓徐氏，名巽，一名慧，字子奇，至元辛卯八月二十七日寅時生，娶劉氏，生子師晉。其先爲豐城望族，仕廬陵，因家焉。

其大父愚谷先生典刑博雅，前宋試場屋有聲，二子俱早世。子奇幼孤即穎異，耻與俗子友，閉户讀書，危坐竟日。養吾劉先生爲須溪冢嫡時，稱爲「文章司命」、「人物權衡」，得其許可者如登龍門、如入〔一〕月旦。子奇嘗侍大父往謁之。一見，問所學，即命〔二〕以詩題，子奇援筆立就。先生大加賞歎，因取少陵「徐卿二子生絶奇」之語，改字子奇。且爲序其所作詩集，稱其五言高處舂容淡泊，頗近古意；至於近體，亦變化流麗，蓋其天分之高而學所致也。其推許之意概可見矣。

校注

〔一〕「如入」，道藏本、宗教録誤作「始八」。

〔二〕「命」，道藏本、宗教録作「令」。

汝本非有我本空，造化爲汝幻此容。使我乘汝如乘龍，百年鼎鼎聊相從。他年汝欲復爲土，我亦返駕遊鴻濛。尊前有酒汝當醉，慎勿只與常人同。自贊。

驢又不成，馬又不是。豬又不如，狗又不似。蹺蹺蹊蹊，怪怪異異。參禪，則透佛祖玄關；學道，則證神仙地位。這箇風漢是誰？今古元無名字。(力)强名之曰：子奇徐慧。又贊。

戊午春，慨然爲金臺遊，首以文墨見知于御史李一飛、典瑞院使馬九臯、右丞齊峰、平章大慈都，由是鈞樞臺閣、名公鉅卿多所接禮。癸亥春，英廟詔書金經，試字中書者數百人，子奇首中前列，未幾，經事竟寢。子奇聞中黄先生得都仙浄明之道，駐于崇真宫，遂往師焉。中黄一見，曰：「夜夢子，今子來，似有夙契，當宏吾教。」自是盡得中黄八極之妙。又參藍真人于長春宫，得全真無爲之旨。賜號「浄明配道格神昭效法師」。由是人爵無復介其心胸，雖中朝貴人交剡互辟，恬不能動其心矣。

甲子春，以母老竟歸，圖爲色養計。其所以婉容娱侍，曲意順承，無所不用其極。如是者二十餘年。迨終，喪葬盡禮。初歸之日，家適病疫，或曰「未可歸」，子奇曰：「安有及門而不升堂拜母者乎？」竟歸。其所謂神明憑依者，皆辟易解散，若未病然。自非道高德重，安能殄息若此其速也？是歲大旱，鄉人請禱于里之吉安橋，旋慰霓望。自是，弟子益衆。及其門者皆文學特達之士，雖六七十翁皆願從焉，曰「吾師道也」。

子奇倜儻尚氣節，慷慨尚然諾，導悟學者，剖決玄微，海竭河傾，源窮泒析，犂然有當於人心。數十年間，千百里内，水旱豐凶，請禱即往，神動天隨，雷雹隨應，其所以化赤地爲豐年，掃積陰爲霽景者，不知其幾焉。至如來病士庶，是以爲瘧，冢人之啼泣，木客之憑陵〔一〕，雲篆一飛，陰怪旋屏，若此者尤衆也。是其操存持守之不息，故光輝昭著之自然，有諸中，形諸外也。士君子常稱「奇峰先生」，又稱「丹扃道人」。蓋其爲室也，清明虚浄〔二〕，扁以「丹扃」，留國張公書而記之。詩集曰盃水玉霄，滕公序之。所傳浄明忠孝諸書，先以刊行。至於手譔科文，正大雅潔，凡若干卷，傳于世。

校注

〔一〕「陵」，道藏本、宗教録作「淩」。

〔二〕「清明虚浄」，道藏本、宗教録作「清虚明浄」。

庚寅春，寄内師府羅文奎詩云：「憶昔長廊聽雨時，黄金染筆寫烏絲。百年似夢我先覺，萬事如雲子尚癡。天上故人天上老，里中野客里中嬉。臨風聊致拳拳意，老病無才懶賦詩。」又寄臺使盛熙明詩云：「向來風雨意，俛仰十年餘。雖有千山隔，寧無數字書。棲遲吾分耳，富貴易交乎。珍重平生學，風雲展壯圖。」又寄別弟子鍾彦文詩云：「花甲今年恰一周，安心安分更何求！夢回池草春生筆，吟到江梅月滿樓。生數又從今日始，老懷不及少年遊。還丹煉就身如葉，洞府名山任去留。」又自贊其像曰：「生前我即女〔一〕，死後汝即我。於是二中間，誰曾識真我？咦！月輪元不在波心，四海五湖無不可。」至五月望日，命弟子蕭尚賢代謝師仙將吏，爲酒食以召鄉黨朋友話別，對坐客云：「天香繞屋家肥潤，玉宇開基仕顯超。」明旦日中，索紙筆，留頌云「這箇臭皮袋，撇了無罣礙。烈焰紅爐中，明月清風外」，擲筆端坐，鼻流玉筯尺餘。移時視之，則已去矣。留形住世整〔二〕六十年，度弟子數百人。

校注

〔一〕「女」，道藏本、宗教録寫作「汝」。

〔二〕「整」，道藏本、宗教録闕。

予因丙戌良月遊華蓋，會吉水疏懶劉先生，首以奇峰先生爲在世神仙見喻。丁亥年，暫駐洪都，謁西蟾、雲隱〔一〕，咸稱其德焉。戊子秋間，鳳岡始得親近顔色，且蒙保奏神霄總攝諸雷書。臨别，戒予曰：「莫向世塵爲皦皦，常教方寸自惺惺。」詩既隨身，言猶在耳。相疏三載，寄迹安成。庚寅夏五，竊有仙子峰之寓，將欲候屋宇成就，必請公爲主鎮。及秋末，楊友太、李無言相繼過我，方知公已赴玉京之選去矣。明年春仲，以瓣香稽首於公座席前，承師晉〔二〕挽留數日。自謂僅能與公同心，不能與公同德，負爲人之愧多矣。乃詢公平生之行，併書公留世之言，以繼於中黄師傳後，將使同學、至人咸知公在世之功績焉。賢德君子幸恕其僭！至正辛卯春三月上巳日，書於永和清都觀和中堂，西山樵者武陽上官良佐稽首。

校注

〔一〕「雲隱」，即玉隆宫雲隱陳天和，爲黄元吉嫡傳弟子。

〔二〕「師晉」，即徐慧之子徐師晉。

原陽趙真人傳

悟道開化廣德弘教原陽真人〔一〕，姓趙氏，諱宜真，號原陽子。其先家浚儀，宋燕王德昭十三世孫，父某，仕元爲安福令，因家焉。真人幼穎敏，博通經史，習進士業。將赴省試，行次通州，疾大作，夢神人語之曰：「女吾家人，何望世貴？」詰旦，疾遂愈。歸請於父，從郡之廛外曾真人受清微諸階雷奥〔二〕、淨明忠孝道法〔三〕，間有闕文，悉加訂正，參考盡詳。復師廣濟張真人，得長春丘真人北派之傳；師玄一李真人，得玉蟾白真人南派之學，深契玄妙，遂會南北而一之〔四〕。尤好濟人，至於醫藥靡不研究，所著方論爲多。嘗遊白鶴山，訪晉匡仙遺址，結茆居之。所授致雷雨，度精爽，屢有異感。從之者不遠千里，雲集座下。

校注

〔一〕趙宜真封號，靈寶歸空訣自署「崇文廣道純德法師」，王直紫霄觀碑亦作「崇文廣道純德」。

〔二〕此師承爲道法師承。曾廛外，安福人，名貴寬，安成彭汝勵弟子，彭出西山熊真息，熊出黄雷淵，爲清微宗系，傳弟子趙原陽，見歷世真仙體道通鑑續編卷五黄雷淵。趙宜真亦自認爲清微「正宗

原陽趙真人

體原之陽，任道之紀。不事標持，從他譽毁。獨立蒼茫，浮雲流水。自贊。

法子」，每稱「清微嗣派弟子」、「清微嗣教後學」、「嗣派末學」等，所定清微文檢式開列歷代宗師職名，其宗系遂定爲黃舜申、熊道輝、彭汝勵、曾貴寬、趙宜真，俱見道法會元。

〔三〕「淨明忠孝道法」，張宇初趙原陽傳、王直紫霄觀碑均未載，唯明萬曆四十年序刊本李長卿集卷二十四淨明嗣教四先生傳襲此。

〔四〕以上師承爲丹道師承。但分北派、南派的叙述方式襲自明早期刊歷世真仙體道通鑑卷三六趙元陽傳（見明鈔本及明李贄刊本），只是一種文字上的修辭，與實際傳派尚有差異。耆山無爲天師峴泉集卷三、道藏本峴泉集卷四趙原陽傳作「復師吉之泰宇觀張天全，别號鐵玄。張師龍虎山金野菴，得金液内外丹訣。後復師南昌李玄一。玄一薦之師蒲衣馮先生。馮亦師野菴云」。此可證以趙宜真自述，原陽子法語卷上紀學曰：「壽昌仙伯鐵玄翁，曾於聖井師金公。歸向青華開泰宇，食我法乳蘇疲癃。繼後從游李夫子，聞有浦衣馮外史。亦師金祖紹仙宗，駐鶴龍沙明至理。翩然躡屩往問之，萬法歸一一何歸。外史于時方燕坐，雷霆迅厲虚空破。詰我問從甚處來，清風拶透迷雲開。廓然溥見家家月，了照本來無所説。」此外，原陽子法語卷上真道歸一偈奉答金門羽客致虚貞白惟一真人方壺贊教方尊師亦云「吾祖蓬頭楚菴老，武夷峰頭事幽討。時於聖井引新潮，麗澤涵濡弘至道。金門羽客方壺公，曾從吾祖坐春風」。可見，趙宜真自認爲金野菴一脈。金野菴，據張宇初金野菴傳，則「師全真李月溪。月溪，白紫清徒也」，另據歷世真仙體道通鑑續編卷五金蓬頭，則「師全真道士李月溪。月溪乃真常李真人之徒。真常又長春丘真人之高弟也」，「所受弟子則勞養素、郭處常、李西來、張天全、殷破衲、方方壺，皆以道聞于世」。

壬辰兵興，挾弟子遊湘、蜀，歷武當，謁龍虎，訪漢天師遺迹，沖虚天師深加禮敬，上清學者多師焉。還至贛之雩都紫陽觀，因居之。弟子益衆，長春真人劉淵然尤入室焉〔一〕。嘗語群弟子曰：「誠者，天之道。克誠，則天地可動，鬼神可感。天人相孚在一誠耳。」群弟子佩服教言，相傳以爲訓。

校注

〔一〕「長春真人劉淵然尤入室焉」，耆山無爲天師峴泉集卷三、道藏本峴泉集卷四趙原陽傳有「其徒則曹希鳴、劉若淵猶入室焉」之文。劉若淵即劉淵然。曹希鳴，名大鏞，見婁近垣編重修龍虎山志卷七，事見耆山無爲天師峴泉集卷三、文淵閣四庫全書本峴泉集卷三故道録司演法朝天宮提點曹公墓誌，初爲龍虎山仙隱院太虚薛公弟子，後事贛之紫陽觀元陽趙公。不過，劉淵然嗣趙宜真，除本傳及劉淵然自述外，亦可證以趙宜真自述，見道藏本原陽子法語卷上題授受圖，曰「種桃道士淵然者」、「受我登真贊化書」。

洪武壬戌正月朔旦，忽語道衆曰「吾將返吾真矣」，乃鑰關謝事。五月三日夏至，啓關，漱浴，更衣，端拱趺坐，適縣導詔奏樂，即書偈，擲筆而化。電光隨筆閃爍，雷雨驟至，白晝晦冥。官庶瞻禮者踵接於道。越三日始斂，肢體如生，汗出周浹，瘞於觀東之鳳岡。塚土潔然，禽鳥無敢集者。朞年，長春祀於贛之玄妙觀。甫奠，雷電如始化時。

真人素性恬澹，慎游處，寡言笑，名公鉅卿願禮不獲，其高行偉操爲時所推慕如此。兵燹之餘，經籙散佚，真人於凡道門旨奧綴輯成書；或爲歌詩，以發其趣，有原陽法語行於世，深有功玄教。時清微、浄明之法久湮不行，今復大顯於世者，實真人振起之力也。由是浄明學者宗之，尊爲「嗣師」云。

長春劉真人傳

嘉議大夫、贊治少尹、國子祭酒、兼翰林侍講、國史總裁、太子賓客致事豫章胡儼撰

長春劉真人者，字淵然，號體玄子〔一〕。其先徐之蕭縣人，元至治間，祖伯成贛州路總管，因家焉。真人，總管次子元壽之子也。初生，祖母謝夫人夢紫衣道者入室，既覺，家人報弟二房王氏生子矣。生踰月，得驚疾，醫不治。總管醮于玄妙觀，即醮壇許黄冠師陳方外爲徒。年十六，遂爲道士，受符法於胡、張二師。後遇趙原陽於吴有壬書舍，大奇之，謂吴曰：「此子形全神清，有道緣，非尋常。」於是得親炙趙公，授以諸階秘奥。刻志進修，寒暑不懈。每與同輩處，語及修行，輒舉忠孝爲之主本。原陽聞之，歎曰：「此真良器也。」攜之歸金精山，復授以玉清宗教、社令烈雷、玉宸黄籙、玉籙、太極、浄明〔二〕等書，呼召風雷，劾治鬼物，濟拔幽爽，無不響應。然於忠孝道法尤大彰顯，至今浄明學者尊爲「嗣師」。又三年，原陽乃告以金火返還大丹之訣，棲神煉氣，玄悟超卓。嘗遊龍虎山，過南昌，值歲

長春劉真人

羽衣協夢，靈岳儲精。至人授受，金書玉經。掌握風雷，行通神明。褒封寵錫，終始恩榮。飄然乘化，逍遥太清。豫章胡儼贊。

旱，官屬請禱，大雨傾注，民獲有秋。由是聲聞益彰。

校注

〔一〕劉淵然，名若淵，張宇初趙原陽傳有載。又，李豐楙先生藏舊刊玉清符命生天寶籙中所開列清微宗師劉淵然仍作劉若淵。亦號淵然道者，見明洪武刊本秘傳外科方等。

〔二〕「太極、浄明」，陳循龍泉觀長春真人祠記僅作「太極」，王直長春劉真人祠堂記未載，唯李長卿集卷二十四浄明嗣教四先生傳同此，而清青雲譜刊本太上靈寶浄明宗教録卷六長春劉真人傳、清光緒四年鐵柱宮刊本逍遥山萬壽宮志卷五浄明嗣教四先生傳則均改作「無極浄明」。

洪武癸酉，太祖高皇帝召至闕下，接對清問，深契宸衷，試以道術，靈應赫然，欲授官，恐妨脩煉，遂止，乃賜號「高道」，建西山道院於朝天宮以居之。後駕幸朝天，撫諭甚至，命隨入内，侍坐右順門，與論道要，賜茶乃罷。越三日，遣内臣齎手召，諭以名山洞府尋真之遊。真人即入謝，得乘驛傳，遊廬山，上鄂渚，至武當宮，適鑾御賓天，乃召還。領右正一之命。

太宗文皇帝纘承大統，獨先召見，禮遇甚至，陞左正一，建金籙大齋七晝夕。對越齋明，靈貺昭答，有醴泉、甘露、鸞鶴之祥，聖情忻悦，寵錫駢蕃。真人素性耿介，於人不能委曲。其有不合者，因中以他事，謫置龍虎山，又謫雲南，居龍泉觀三載。滇民告旱，疾疫大作，真人檄龍、施藥，甘雨布，疾者甦。邦人感謝者接踵道路，真人皆辭却之。

仁宗昭皇帝即位，首遣内臣徵還，命居洞陽觀，賜貂裘鶴氅，親書「沖虚至道玄妙無爲光範演〔一〕教長春真人」授之，曰：「以此封卿，恐不滿德。」真人頓首謝，力辭，不許。復錫誥，於前封加「莊静普〔二〕濟」四字。又頒以銀章，俾領天下道教事。選樂舞生十人爲之徒。及輿帳、供奉之具，校尉、給事之人，靡不周備。光榮之盛，卓冠當時。

校　注

〔一〕「演」，明宣德六年鮑玄昇泥金寫本太玄女青三元品誡拔罪妙經卷首劉淵然序結銜作「衍」。

〔二〕「普」，明宣德六年鮑玄昇泥金寫本太玄女青三元品誡拔罪妙經卷首劉淵然序結銜作「溥」。

今上皇帝嗣登大寶，寵眷益隆。嘗召至内廷，賜法衣、寶劍。真人因奏請立雲南、大理、金齒三道紀司。上從之，於是命其徒爲道紀，闡化南詔。真人屢以老辭，乞還朝天，以終餘年。宣德七年二月，上親灑宸翰，作山水圖賜之，復題詩其端，遣内臣羅智送還。真人乃奏留弟子邵以正，仍居洞陽，以代祝釐。以正遂授道録司右至靈。踰月，真人至朝天，見者莫不稱歎。是年秋八月有八日昧爽，沐浴更衣，集其徒，告曰：「人以氣聚而生，氣散而死。生死之理，一而已。吾將逝矣。」日中，遂引手作一圈，曰「呵呵」，趺坐而化，壽八十有二。訃聞，上遣行人吴惠諭祭，命工部營葬于江寧縣安德鄉之園子岡〔一〕，乃明年三月六日也。

校注

〔一〕劉淵然墓二〇一〇年出土於今南京市雨花臺區西善橋街道梅山村。

真人弟子數百人，得其傳者皆爲道官，餘散處四方，道化之及人者廣矣。真人志行高潔，不獨精其教事。由儒而旁通於毉，所著方論行於世者頗多；又爲浄明如意仙丹〔一〕，起人之疾，尤有奇驗。其濟物之心，拳拳焉。與先公交，道誼深密，故儼每得接其緒論。真實無妄人也，超然物表，不混光塵。嘗示先公丹一器，曰：「此原陽師所遺，已七轉矣，必得有力量、大福德人方能了此事。然非名山不可。」今不知所在。又建金籙齋，致嘉應，時太宗文皇帝召臣儼至内廷，授旨譔文，將立碑表章之，以真人南行，事遂寢。

校注

〔一〕「浄明如意仙丹」，道藏本仙傳外科秘方卷十一力到行方便文曰：「濟人疾病，大是方便。若能精虔合許真君如意丹施人，可濟萬病，治疫尤速。」清彭定求鈔本沖虚至道長春劉真人語録云：「施藥治病，其功甚博。若旌陽祖師如意丹，無病不治，尤爲良劑。」

論曰：嗚呼，道家者流，自廣成至老、莊，著矣。太史公推論陰陽、儒、墨、名、法、道德，獨有取於道家，何哉？彼亦曰：「凡人所生者，神也；所託者，形也。形神離，則死。故聖人重之。」彼豈無所見哉？真人臨終之言，實有合焉。若真人者，亦太史公之所與者歟！

浄明靈寶〔一〕忠孝書序

世謂：「仙道者，遺世絶物。」豈其然乎？西山玉真劉先生繼旌陽仙翁浄明之道，必本於忠孝。匪忠無君，匪孝無親。八百之仙，率是道矣。噫！非忠非孝，人且不可爲，況於仙乎？維孝維忠，仙猶可以爲，況於人乎？古人云：「欲修仙道，先修人道。」舍是，何以哉？

光禄大夫、蔡國公、知經筵事張珪序

校注

〔一〕「靈寶」，道藏本、宗教録闕。

余嘗待罪集賢，洪都黄冠師黄中黄袖一編書來請曰：「此吾師玉真子受都仙太史浄明忠孝之筌要也。敢匄一言，壽吾道脉。」異哉！設教名義得無類吾儒「明明德」、「脩天爵」之謂歟？夫臣職忠，子職孝，萬古良知有不可泯者。五常根於人心也，仁包四德而配春，故行仁必本之孝焉；四時行於天也，土旺四季而配信，故履信必主乎忠焉。然則綱三綱、常五常者，其惟忠孝乎？於戲，堯舜之道，孝弟而已矣！夫子之道，忠恕而已矣！是知大道至德之要，其在兹乎？

太史憤世高騖虚玄，徒事清談，未能力踐，去大道愈闊也；於是即秉彝之固有，開簡易進修之徑，以化民範俗，言近指遠，厥惟休哉。竊惟大哉乾也，至哉坤也。先儒特以誠敬釋之。凡一意弗誠則非忠，一念不敬則非孝。學者能出忠入孝，由存誠持敬爲入道之門，服膺拳拳，無斯須之不在焉。一旦工夫至到，人欲淨盡，天理昭融，虚靈瑩徹，自得資深之妙。于以合天地，于以通神明，莫知其然而然，造夫大道之奥也，又何難矣？道家煉神養性，吾斯未臻歆豔；導民忠孝，有賠乎大中至正之道。故爲之書。

榮禄大夫、江南諸道行御史臺御史中丞趙世延序

古昔帝王之設教，未有不以明人倫爲事者。自天屬而言，必本於父子，而兄弟長幼其分也。自義合而言，莫嚴於君臣，而朋友夫婦其目也。故舉其總者，每曰「忠孝」云。治平之世，君君臣臣，父父子子，人盡其分，以修其常職，泯然無表異之名。老子曰「六親不和，有孝子；國家昏亂，有忠臣」者，蓋生乎周末，目睹乎倫隳法斁，庶幾見一二於千萬焉。其閔世憂俗之心，殆與吾夫子不異哉。然而道家之説，既專門於養生，又旁出於祈禬。而世

人徒以爲邈然無意於斯世，非要論也。

至治三年夏，有方外之士謂予言：「豫章之境有古仙人曰許公旌陽，其教人亦以忠孝爲説。」蓋其生在吴赤烏中，至晉太康，年百三十六歲而去世。豈其觀於人事，察乎世變，而爲此論哉？養生、祈禬之家，傳之且千歲，而莫之察也。又從西山道士黄中黄，得玉真劉君與許公神交事，甚異。於是以許公忠孝之説，本之儒家，以謹其正；推之道家，以道其神。其書之出，又數年矣，世亦莫悟其所以然也。撫今懷昔，盡然深有感於予衷者，殆不可勝言也。仙人、道士之所爲，豈偶然哉！噫，天理民彝，歷千萬古，無可泯〔一〕滅之理。一息不存，人之類絶矣。神仙之學，豈有出於此之外者乎？知乎此，則長生久視在此矣，無爲之化在此矣。善讀者，尚以心會之。

泰定初元四月十日，國子司業虞集拜手謹書

校　注

〔一〕「泯」，原書漫漶，存殘筆，據道藏本補。

神仙之説，上古所傳，軒轅鼎湖、周穆瑶池皆是也。後世立言著書，超騰隱化，時有其人。惟都仙許君以忠孝自修，得仙道，又〔一〕以救世。余嘗謂其功不在禹下，不但獨善其身也。龍沙應期，仙真復出。玉真之奇遇，見於其書；中黄之正傳，蓋昔聞而今識之。語録首篇謂：「世儒習聞是語，此間却務真實。一物不欺，一體皆愛。一念之欺即不忠，一念之孝印於天。」此數則者，民彝世教之大綱大領歟！

噫，方外之士，守其師之言而不畔，傳之世世如金玉而藏諸，正心脩身之學，躬行踐履之間，凛然如在左右。吾黨之士，當泚顙而深愧之矣。中黄貌和而心正，論直而行方。易曰：「黄裳元吉，文在中也。」又曰：「黄中通理，正位居體。」中黄之義，有取於此。正其心，脩其身者，如是矣。推而行之，上以續都仙忠孝之傳，下以達天下後世莫不爲忠臣孝子。此君之師與君之教多矣。則其師出於豫章，信矣夫。於戲，盛哉！

文林郎、江西等處儒學提舉、前應奉翰林文字、同知制誥、兼國史院編脩滕賓題辭

校　注

〔一〕「又」，道藏本、宗教録誤作「入」。

宇宙間形氣互相依附，而其中運行不息者，有理存焉。故得氣之清，而能明其理者，兼善則爲神聖〔一〕、爲上智，獨善則爲隱君子、爲列仙。得氣之濁而昧于理者，反是。雖其

爲品，萬有不齊，而上知不常見也。若吾洪都西山都仙許公是已。公在晉，嘗令旌陽〔二〕，邑人懷其政。後得道，來西江〔三〕，從學者多所成。西江之人相傳其誅蜃等事，至于今，神而宗之，不敢忘。此誠非獨善而止者。道家者流，又有沖舉拔宅之説，縉〔四〕紳之士所不敢質。然其以真忠至孝爲教，則萬萬不可誣也。

其傳言許公受教於日、月二君及諶姆、蘭公，傳忠孝之道。比二十年前，玉真劉先生隱西山，復得是傳。其徒黄君元吉彙所聞平時語，爲書刻布之。至治癸亥，巽申官太史，繇黄君獲觀焉，廼歎曰：「此書行世，將人人知懲忿、窒慾、明理，充其忠孝之實，則聖賢閫域可躋而跂也，豈徒曰列仙、隱者之事乎？」夫玉真之心，都仙之心也；都仙之心，天地之心也。同志之士，苟毋忽其書，能深味切省，則庶乎其有契焉。

應奉翰林文字、將仕郎、同知制誥、兼國史院編脩廬陵曾巽申拜手謹題

校注

〔一〕「神聖」，道藏本、宗教録作「聖神」。

〔二〕「陽」，原書漫漶，存上半，據道藏本補。

〔三〕「西江」，道藏本、宗教録作「江西」。

〔四〕「縉」，原作「犘」，據道藏本改。

易坤卦文言曰：「君子黄中通理。黄，中央色也。」夫子於坤卦取中正爲本，而能通達天下之道理，上天下地之宇，往古來今之宙，顧不可澌〔一〕盡泯滅者。此中正之理耳，蠹蝕於春秋，相戕相靡，理幾晦矣。夫子繫周易，作文言，發爲黄中通理之論，正以救當時頽風敗俗，律天下爲中正之歸。夫子豈得已而作斯言耶？使幸而〔一〕生堯舜之時，歌呼爲擊壤之民，又何必盡洩斯道之祕乎？

比年龍沙叶讖，建壇於鸞翔鶴峙之地，都仙親降壇記，又專發黄中之理，授於玉真先生。都仙之心，夫子救世之心也。蓋欲惟忠惟孝，不乖不偏，盡叶中正之理，以躋聖世於隆平之盛。中黄黄先生出示玉真先生語録，亟覽之。又首發「正心誠意，扶植綱常」之語。又曰：「大忠者，一物不欺；大孝者，一體皆愛。」又曰：「萬法皆空，一誠爲實。」斯言也，是真能體認都仙之旨以爲教矣。抑豈特都仙之旨，正吾夫子之旨也，亦堯舜以來精一執中之旨也。最後又發明都仙道劍、鐵柱之説，皆足以破千古之惑。雖然，都仙、玉真之互相發明，亦豈得已而盡洩斯道之祕乎？載覽之餘，再拜稽首，序而歸之。

將仕佐郎、建昌路儒學教授彭埜序

校注

〔一〕「澌」，道藏本、宗教録作「斯」。

〔二〕「而」，道藏本無。

癸亥夏五月〔一〕，余與盛兄熙明同拜中黄先生于京師澄清坊之東。時高朋滿座，先生顧余曰：「夜夢子，今子來，似有夙契。」遂授淨明忠孝書並玉真語録。余讀未終集，平生諸疑，涣若冰釋。越數日，先生復問曰：「前讀語録何如？」余應曰：「萬法皆空，一誠爲實，盡矣。」先生首肯之，良久，復謂曰：「子資質頗近道，當宏吾教。勉旃！勉旃！」復出語録數段，云：「此尚未刊，異時當併刻之。」余以泰定甲子春南歸，而先生以乙丑臈解化於京師矣。

丙寅之秋，余詣玉隆，謁仙塋，會先生高弟雲隱陳兄于清逸堂，出示所藏先生遺墨並所集先生平昔答問諸善言，皆余嘗聞諸先生者。雖先生之言，實皆祖述玉真之傳也。已而復於隱真壇得蒼崖熊先生所藏玉真語録數段，即向來先生示余者，因〔二〕録于别集。并以元所傳靈寶壇記、道説、法説忠孝諸書，皆鋟〔三〕梓而流傳之，總名曰淨明忠孝全書。

同志之士讀之者，當守律勿失，敬之如神明，畏之如雷霆。奉而行之，回後天而先天，復有名而無名，殆猶日月晦而明，天地夜而旦，四時冬而春。則豈但騎鶴玉府、烹鳳瑶池，獨善其身而已矣；又將見〔四〕忠孝之化，周流八荒，綱常正而天理明，雨暘若而民不疵癘，上以〔五〕極聖君賢相雍熙和平之治，下以使昆蟲草木同躋仁壽之域。寧不偉與！寧不盛與！

泰定四年歲在丁卯十二月乙未朔，淨明靈寶忠孝弟子

丹扃道人廬陵徐慧子奇焚薌再拜謹書

校注

〔一〕「月」，原闕，據道藏本補。

〔二〕「因」，原書破損，據道藏本補。

〔三〕「錄」，原書破損，據道藏本補。

〔四〕「見」，原書破損，據道藏本補。

〔五〕「以」，原書破損，據道藏本補。

浄明靈寶忠孝全書

浄明傳派法師中黄先生黄元吉希文傳授
浄明嗣派弟子丹扃道人徐慧子奇集刊

玉真靈寶壇記

許遜譔

鍾陵之靈，鍾大寶於西山。厥維西山萃古今精氣，實上下神仙一大區宅，有道之士，率由是出。自吾得太上浄明，吾與張洪崖、胡拔俗等其人也。龍沙有讖，松沙有記，一皆爲是。西山中，靈寶祕，前鸞翔，後鶴峙，奠烏晶〔一〕，紹仙裔。斯靈伊何？太素始名。太極判精，靈寶現形。故此一寶靈也，在天爲黄中，在地爲烏晶，在人爲丹扃。惟寶〔二〕斯靈，弗寶弗靈。有道之士克寶斯靈者，自有重重樓閣，内景黄庭，三五飛步，神奏玉京，符千年之嘉運，備八百之仙數；騎鶴玉府，烹鳳瑶池，其視塵世寶珠，直天地間一瓦礫耳。

校注

〔一〕「晶」，原作「精」，據道藏本改。
〔二〕「寶」，原書破損，據道藏本補。

吾有弟子玉〔一〕真子，受吾記囑，來尋舊迹，克寶斯靈，克靈厥晶。八百群真，一曰「玉真」，二曰「隱真」，三曰「洞真」，靈真寶真，一真萬真。真真聚神，金烏〔二〕誕靈，靈寶聚精，玉兔誕形。天降斯道，地升斯寶，珍之作之，天地爲一。率是群真，克紹吾勳。有道之士，無累俗紛，式克輔之，斬蛇馘鯨。窮亘〔三〕宇宙，功超玉清。顧不偉歟！乃繫之以銘，曰：

金烏流晶，洪井肖形。鍾陵聚靈，龍沙首英。
八百八百，靈寶斯獲。玉真隱德，爰立厥宅。

校注

〔一〕「玉」，原書破損，據道藏本補。
〔二〕「烏」，原書破損，據道藏本補。
〔三〕「亘」，道藏本、宗教録誤作「曰」。

浄明大道説

胡化俗述

浄明者，無形大道，先天之宗本也，在上爲無上清虚，在天爲中黄八極，在人爲丹元絳宫。此三者同出而異名，同謂之玄，玄之又玄，衆妙之門。明此理者，浄明也。清則浄虚而明。無上清虚之境，謂之浄明。中黄八極，天心也。丹元絳宫，人心也。故天立中黄八極而報無上之本，人當忠孝而答君親之恩。忠孝，大道之本也。是以君子務本，本立而道生。孝弟也者，其爲仁之本與。有不務本而脩煉者，若大匠無材，縱巧何成？惟有大舜、比干，不脩煉，力忠孝，不求道，道自備。下則豺狼有父子，螻蟻有君臣。物且尚能忠孝，况於人乎？况於法子乎？

浄明大道，同理同源不同形。同理者，誰能出不由户，何莫由斯道也。同源不同形者，是道生一，一〔一〕生二，二生三，三生萬物。萬物之中〔二〕，惟人最貴。不忠不孝，不如豺狼螻蟻乎！不能浄明者，不如蜣蜋飲露乎！物得忠孝大道體，法子夫豈不知？吾奉太上，設忠孝大道之門，甚易知，甚易行，勉而宏之。人能宏道，非道宏人。要不在參禪問道，入山煉形；貴在乎忠孝立本，方寸淨明。四美俱備，神漸通靈，不用修煉，自然道成，信斯言也，直至淨明。

校注

〔一〕「二」，道藏本、宗教録闕。
〔二〕「中」，道藏本下衍該字。

淨明道法説

胡化俗述

無極無形大道，道生一，一生兩儀，兩儀生四象，四象生八卦，曰中黄八極九宫也。道立其中黄，法布於八極。一陰一陽，一動一静，相爲表裏者也。正道在於内，布法治其外。一正八治，天清地寧。釋曰：無極清虚曰淨明，道在其中曰中黄，法布八方爲八極。會四象，朝三天，曰三五飛步。正其内，治其外，曰正一斬邪。法子欲治其外，先正其内；欲正其内，先去其欲。無欲而心自正，一正心而道法備矣。

浄明法説

郭璞述

無極而太極。無極者，浄明之謂也。經云：「無名，天地之始；有名，萬物之母。」故自太極判，兩儀立，人斯生，而人於天地間爲最秀，此所以並天、地曰三才。然後天地以好生爲心，則人體天地心爲心。先天之世，人心與天地一，清静而無爲。中天以來，無者不能不顯於有，而浄明之教猶未甚泯也。後天之後，有爲者萬殊千致，與夫「無名，天地之始」者異矣。

太上推好生之德，閔人生之不齊，不得不彰其法則，垂慈立教。夫法者，律也；律不善以歸於善，律不仁以歸於仁，律不忠不孝而歸於忠孝。浄明者，太上授之於日、月二君，二〔一〕君授之於許太史，許太史復宣布而流傳之。

凡吾法子，行積莫大，方遇至教，其當守律勿失，仰之如神明，畏之如雷霆，奉而行之。回後天而先天，復有名而無名。殆猶日月晦而明，天地夜而旦，四時冬而春，道在其中。浄明之教，周流八荒，雖許太史道尊德貴，功盖九州；而吾法子功成行滿，洞、隱、玉真〔二〕，備符淨明，無爲一也。

校注

〔一〕「二」，原書破損，存下半，據道藏本補。

〔二〕「真」，原闕，據道藏本補。

玉真立壇疏

郭璞譔

天靈地寶成，大道藏玉真，其生也無名，其出也有數。今就黄堂山立壇奉道，祝國壽，報親恩，如是道在其中矣。師仙君立記、銘，予具疏而成之。疏曰：

龍沙讖，仙八百，始自玉真。烏晶麗，景三千，中藏靈寶。將周氣運，用立壇場。須教白水真人，大家從更；便看黄山處士，特地功成。籍桂名香，即日均書玉府；蟠桃性熟，他時共宴瓊宫。

西山隱士玉真劉先生語録内集

净明傳教法師中黄先生黄元吉希文編集
净明嗣派弟子丹扃道人徐慧子奇校刊

1 或問：古今之法門多矣，何以此教獨名「净明忠孝」？先生曰：别無他説。净明只是正心誠意，忠孝只是扶植綱常。但世儒習聞此語爛熟了，多是忽略過去，此間却務真踐實履。

2 先生曰：大忠者，一物不欺。大孝者，一體皆愛。

3 先生曰：何謂净？不染物。何謂明？不觸物。不染不觸，忠孝自得。

4 先生〔一〕曰：忠者，忠於君也。心〔二〕君爲萬神之主宰，一念欺心，即不忠也。

校注

〔一〕「先生」，道藏本、宗教録作「又」，並接上則。

〔二〕「心」，原書破損，據道藏本補。

5先生曰：人子事其親，自〔一〕謂能竭其力者，未也。須是一念之孝，能致父母心中印可，則天〔二〕心亦印可矣。如此方可謂之孝道格天。

校注

〔一〕「自」，原書破損，據道藏本補。

〔二〕「天」，原書破損，據道藏本補。

6或問曰：去古日遠，文籍浩〔一〕繁，末學之夫，莫知正路〔二〕。今浄明教中正心修身之學，真忠至〔三〕孝之道，緊要處乞示一二語。

先生曰：某自初年修學〔四〕以來，只是履踐三十字，年來受用，中〔五〕甚覺得力。今以奉告。所〔六〕謂三十字者，懲忿窒慾，明理不昧心天，纖毫失度，即招黑暗之愆；雯頊邪言，必犯禁空之醜〔七〕。

曰：敢問其詳？

先生曰：人之一性，本自光明，上與天通。但苦多生以來，漸染薰習，縱忿恣欲，曲昧道理，便不得爲人之道，則何以配天、地而曰三才？

所謂忿者，不只是恚、怒、嗔、恨，但涉嫉妬，小狹褊淺，不能容物，以察察爲明，一些箇放不過之類，總屬忿也。若能深懲痛戒，開廣襟量，則嗔火自然不上炎。所謂欲者，不但是婬邪、色欲，但涉溺愛、眷戀，滯着事物之間，如心貪一物，綢繆意根，不肯放舍，總屬欲也。若能窒塞其源，源即是愛念初萌處。惺惺做人，則欲水自然不下流。

雖是如此，其中却要明理。明理只是不昧心天。心中有天者，理即是也。謂如人能敬愛父母，便是不昧此道理，不忘來處，知有本原〔八〕。若頂天立地，戴髮含齒，做箇人，自幼至長，不知愛敬順事其父母者，非病風喪心而何？乃至不知有君、不知有師、兄弟不能友恭、交遊不尚信義等皆然。此外，但是固護己私，不顧道理而行事者，皆謂之昧心天。心天才昧，恰如一面明鏡，無端却把許多埃墨塗污其上。凡此等，累積一生，冥冥罔覺，自己本命元神蒙在黑暗之鄉，所以一瞑目後，便墮幽關長夜，受苦萬狀，卒乍未有出期。哀哉！

靜觀世人，有縱忿者，焚和自傷；有縱欲者，沉墜己靈；曲昧道理者，元神日衰〔九〕，福德日銷，只是他自不覺。若能飜然醒覺，截日改過者，懲忿則〔一〇〕心火下降，窒欲則腎水上升，明理不昧心天，則元神日壯，福德日增。水上火下，精神既濟，中有真土爲之主宰。真土者，即是〔一一〕明黃中之理〔一二〕。只此，便是正心修身之學、真忠至孝之道。脩持久久，復其本〔一三〕净元明之性，道在是矣。

後二十字，乃王屋山石鼓天戒，即〔一四〕是此間日用中密行工夫。且如行事，但是一毫一髮不合法度處，自己本命元神已是暗損却光明了。日積月累，不知改悔，全體歸陰矣。又談話間，須是語覺無傷方出口，但有一言半句不合道理的；又有一種人，愛説薄〔一五〕福話的，恣意説出來，無所忌憚，不知虚空却有神明聽着。

所謂禁空之醜者，即度人經中飛天大醜魔王是也。其類甚衆，上帝委任，助佐三官檢察過惡，常時飛行虚空，鑒觀下界。邪言一出，冒犯其禁。此只是天高听卑之言。但人聞者，往往以爲常談而忽之耳。彼才動念之頃，言者福德自銷。福德既銷，殃禍隨至。如上皆是感召而然。所以經云：「自業所招，還自來受。」〔一六〕由是觀之，凡人一言一行，可不謹哉？而況有志於道之士乎？

校注

〔一〕「浩」，原書破損，據道藏本補。
〔二〕「路」，道藏本、宗教録誤作「略」。
〔三〕「忠至」，原書破損，據道藏本補。
〔四〕「修學」，原書破損，據道藏本補。
〔五〕「中」，道藏本、宗教録無。
〔六〕「告所」，原書破損，據道藏本補。

〔七〕所謂三十字，清彭定求鈔本沖虛至道長春劉真人語録第五十四則談天心帙，稱「又書玉真祖師三十字戒，云：懲忿窒慾，明理不昧心，有纖毫失度，即招黑暗之愆；要頃邪言，必犯禁空之醜。吾遵守奉持，不敢頃刻遺忘，則一生受用不盡。法子當體而行之」。

〔八〕「原」，道藏本、宗教録作「源」。

〔九〕「衰」，原書破損，據道藏本補。

〔一〇〕「忿則」，原書破損，據道藏本補。

〔一一〕「即是」，原書破損，據道藏本補。

〔一二〕「之理」，原書破損，據道藏本補。

〔一三〕「其本」，原書破損，據道藏本補。

〔一四〕「即」，原書破損，據道藏本補。

〔一五〕「薄」，原作「簿」，據道藏本改。

〔一六〕「自業所招，還自來受」，出楞嚴經卷八，作「自妄所招，還自來受」。

7先生曰：大凡世人，被些子嗔火、欲水及與私意潛伏在〔一〕肚皮裏，不能降制者，是阻隔了前程萬千好事，可惜他不自覺。若能降制得下者，久久間真陰陽、真五行之妙自當親見之，道爲子得矣。

校注

〔一〕「在」，原書破損，據道藏本補。

8先生曰：淨明大教，大中至正之學也。可以通行天下後世而無弊。緊要處在不欺昧其心，不斲喪其生，謂之真忠至孝。

事先奉親，公忠正直，作世間上品好人。旦旦尋思，要仰不愧於天，俯不愧於人，內不怍於心。當事會之難，處處以明理之心處之，似庖丁解牛底妙手〔一〕處，教十分當理着，步步要上合天心。只恁地做將去，夙興〔二〕夜寐，存着忠孝一念在心者，人不知，天必知之也。亦莫妄想希求〔三〕福報，日久歲深，自然如所願望。要識得此教門不是蓬首〔四〕垢面、滯寂沉空的所爲。所以，古人道是「不須求絕俗，作名〔五〕教罪人」，又道是「欲修仙道，先修人道」。

每見世間一種號爲學〔六〕道之士，十二時中，使心用計，奸邪謬僻之不除，險詖傾側之猶在，任是滿口說出黃芽白雪、黑汞紅鉛，到底只成个妄想去。所以千人萬人學，終無一二成。究竟何以云然？只是不曾先去整理心地故也。古人云：「千虛不博一實。」

要知求仙學道，譬如做一座好房屋相似。就地面上，先要淨除瓦礫，剪去荆榛，深築磉窠，方成基址。次第建立柱石，位置棟梁，盖覆齊全，泥飾光淨，工夫圓滿，聳動觀瞻。

若是荊榛不除，瓦礫不去，不平基址，不築磉窠，却要就上面立柱架梁，覆瓦編壁，莫教一日風雨震淩，洪流漂蕩，欹側傾倒，枉費辛勤。又如江流中做一座石橋相似，先須推窮到底，脚踏實地，却就實地壘木叠石，大做根脚，砌到上頭，平鋪橋面，造屋遮覆，方保不朽根基，直得驚濤驟浪衝激無由，怪雨顛風摇撼不動，人人贊歎。非有他也，只是根深脚穩，所以牢固長久。若心地不好，根浮脚淺之士，何可望其有成？

惟我都仙真君，浄明道法，忠孝雷霆，心地上頓悟本浄元明，性天中力行真忠至孝，爲萬靈之主宰，作後學之範模，行己無虧，用心切到，功圓果滿，德貴道尊，拔宅飛騰，萬年不朽。俯視世間，有諸不崇内行、惟務外求者，不可同日語矣。何以故？人心皆具天理，終是未蒙相肯。前輩有云：「待汝心正道汝是，恁時方表無瑕疵。」細細思〔七〕惟，孰正孰邪，孰真孰僞。吾鞭不可妄得，勉之勉之。

校注

〔一〕「妙手」，原書破損，據道藏本補。

〔二〕「興」，原書破損，據道藏本補。

〔三〕「想」、「求」，原書破損，據道藏本補。

〔四〕「蓬首」，原書破損，據道藏本補。

〔五〕「名」，原書破損，據道藏本補。
〔六〕「學」，原書破損，據道藏本補。
〔七〕「思」，原書破損，據道藏本補。

9先生曰：萬法皆空，一誠爲〔一〕實。

校注

〔一〕「誠爲」，原書破損，據道藏本補。

10先生曰：天立中黃八極，而〔一〕報無上之本，正謂隔蔽〔二〕中下界陰濁之氣，不令上衝清虛之境。人之一身，亦有中黃〔三〕八極，亦是隔蔽下焦穢濁之氣，不令薰蒸心府，所謂膈膜者是也。其世間不忠不孝、怨怒諸氣上至天中黃八極，其氣返而爲水旱、疾疫之灾，各從氣類〔四〕感召，可以類推。禍福無門，唯人自召者，此也。惟有忠孝之氣，徑衝清虛之境，如矢中的，至於惡曜，亦爲之退舍。

校注

〔一〕「極而」，原書破損，據道藏本補。
〔二〕「蔽」，原書破損，據道藏本補。
〔三〕「黃」，原書破損，據道藏本補。

〔四〕「類」，道藏本、宗教録誤作「頻」。

11先生曰：奉行道法，皆當平居暇日存守正念，此即正心之學。正則道在其中。儻不正，而用以驅邪，則是助桀爲虐，非徒無益，而又害之。

12先生曰：世人積善屬陽，陽氣上浮；積惡屬陰，陰氣下墮。今天上星宿，即世人陽氣也。然三界有善有惡，雖爲天星，苟一念不正即屬陰〔一〕氣，自然復墮爲人。星殞爲石者，所墮之陰滓也。

校注

〔一〕「陰」，道藏本、宗教録下衍該字。

13或問：從古學道求仙，皆言修煉二字。今浄明教中於此獨略，何耶？

先生曰：吾但聞都仙真君有云「浄明大教，是正心脩身之學」，非區區世俗所謂脩煉精氣之説也。正心修身，是教世人整理性天心地工夫。若上古之世，民生太朴未散，何用整理？何用修煉？語言動作，無不合道。只緣後世衆生多是詐詐姦姦，愈趍愈下，一動一作，便昧其心，冥冥罔覺，無所不至。間有慕道者，不就本元心地上用克己工夫，妄認脩煉精氣，以爲無上真常之妙。

所以，太上患斯道之不明也，俯告日、月帝君，流通此教〔一〕。帝君復授之都仙真君，必欲使〔二〕後之〔三〕學者，由真忠至孝復歸本浄元明之境。修煉之妙，無以易此〔四〕矣，正是復古之學。所以〔五〕，胡天師復申言之曰：「貴在忠孝立本，方寸浄明，四美俱備，神漸通靈。不用修煉，自然道成。信斯言也，直至浄明。」要之，都仙真君與胡天師此言不信，何言可信？

世俗於克己工夫多是忽略，别求修煉方術，殊不知不整心地，只要飛騰，可謂却行而求前者也。今而斯道大明於世，有識之士能趍此教，可謂一日千里矣。大概有能忠孝立本、方寸浄明者，自己心天與上天黄中道氣血脉貫通，此感彼應，異時與道合真，如水歸海矣。可不勉旃！

校注

〔一〕「教」，原書破損，據道藏本補。

〔二〕「使」，道藏本、宗教録無。

〔三〕「後之」，原書破損，據道藏本補。

〔四〕「此」，原書破損，據道藏本補。

〔五〕「以」，道藏本、宗教録下有「至」。

14先生曰：天之有文，地之有理，人之有事，三才之道，古今不可誣也。淨明之道，不廢人事，但當正心處物，常應常静也。

15或問：教中有云：「天立中黄八極，而報無上之本。」八極正據穹霄何所？願聞。

先生曰：所謂報本而後還源是也。無上是道，中黄八極是理，由道而生理，明理以報本，是教中大意。都仙真君昔告我曰：「中天九宫之中，黄中太乙之景，名曰天心，又稱祖土，乃世間生化之所由，萬理之所都也。」其實只是混沌開闢之後，積陽之氣上浮盤亘，其廣八十一萬里，是道理之主宰。世人身心功過，被此光明之所洞照，纖芥圭黍所不能逃，散在人身中，謂之丹扃。所以曰「人心皆具太極，一切善惡因果所不能逃，如影隨形」者，蓋於上界實相關繫故也。所以學道者，必先窮理盡性，以至於命。

明理之士，自己心天光明洞徹，自是不昧，言〔一〕行自然不犯於理。絲毫碍理之事斷斷不肯爲，只爲心明故〔二〕也。心明，則知本性下落矣。既知本性，復造命源。當是時，污習悉除，陰滓普消，升入無上清虚之境、極道之墟，水火風灾之所不及，方得名爲「超出陰陽、易數、生死之外」。

今吾法子，若不自躬行踐履上做起，只講尋常修煉精氣之術，是謂不明理而學道，却行而求前，縱有小成，亦不能升入清虚之境。所以報盡復來，散入諸趣，可不懼哉？蓋是黄中一關不曾過得。俗語云：「於道理上過不去。」何以故？未至天半，諸魔不肯保舉故也。所謂不肯保舉者，只是此人平時念念愛作昧天理之事，行義不足以服鬼神，私心多，公心少，惡勝善，陰勝陽，終無大成氣象。若以公忠正直、仁孝廉明脩學者，則可與道合真，上超種民之天，無不成就者矣。

校注

〔一〕「言」，原書破損，據道藏本補。

〔二〕「故」，原書破損，據道藏本補。

16先生曰：凡人家禍福，鮮不由其平日操脩所感召。吾曾赴人家約，爲供真。是晚，將及門，遥望有黑氣〔一〕覆其屋廬。至，則供具已辦。吾告之曰：「天真不歆子之供矣。」其人驚問何故。吾曰：「世間凶殃惡逆之氣，上衝于天，不能度中黄八極之境，復下爲人之殃。今子屋上有黑氣，必因感召而至。」其人遂首陳早起家中有鬩牆之事〔二〕。吾曰：「是矣。然横逆非久當至，縱爲勉强作供，徒勞而已。」因命撤〔三〕供具。已而數日，果有意外之禍。所以曰「和氣致祥，乖氣致沴」，無非此感彼應。吾又曾見方册中有一句云「多用恕心無烈禍，若萌姦巧有奇窮」，亦不外是理。

校注

〔一〕「氣」，道藏本、宗教録闕。

〔二〕「鬩牆之事」，指兄弟紛争，出小雅常棣。

〔三〕「撤」，原作「徹」，宗教録同，據道藏本改。

17先生曰：道藏經云：「修學真常之道，玄功成就時，身所行事是十聖智，口所出言是太上旨，卷舒造化，移易陰陽，無施不可，豈小事哉。」然則修學之事，一舉足頃，一出言間，不合道理，不合天心，敢望到此地位乎？

18先生曰：道藏諸經無非教人捨惡歸善，棄邪順正。所以曰「經」者，徑也，是入道之徑路。每見世人不肯力除惡習，克去私己，却於晨昏誦念不輟。此等聖賢不取，譬能言之猩猩也。我諸法子，要得此心如鏡之明，如水之浄，纖毫洞照，日以改過崇行爲第一義，積種種方便，去道不遠矣，勝如念千百卷經也。若不務脩德而求道，前程難望有成。所以曰：「德是道之基址，道是德之華實。」静心端坐，試自思之。

19先生曰：吾初學浄明大道時，不甚誦道經，亦只是將舊記儒書在做工夫，謂如崇德尚行。每念到「戒慎乎其所不睹，恐懼乎其所不聞」、「言悖而出者，亦悖而入；貨悖而入者，亦悖而出」，此等言語，發深信心，不敢須臾違背了。至於用心道妙，每到「人有雞犬，放則知求之；有放心而不知求」，及「夜氣不足以存，則其違禽獸不遠」處，便自然知耻。一時感激，不啻如湯火芒刺之在身心。便思惟道是「我若悠悠上去，不了此道，未免做先覺之罪人」，直是寢食不遑安處。後來庶幾有進矣，感格穹霄，得些樂處。静而思之，實由當時知耻之力也。

20先生曰：吾有三則古語，學者可以佩受：「志節要高，毋習卑污、務圖近效；器量要大，毋局褊淺、不能容物；操履要正，毋殉己私、隨邪逐物。」

21先生曰：世間粗心學道之人，常説自己無有不是處。豈有此理？但是未嘗静定思惟。若將細細比較他古人成就者，是争多少階級？所以某常説：「人不能自謙，何可望其有進？」

22先生曰：昔蘭公真君有云：「孝至於天，日、月爲之明。孝至於地，萬物爲之生。孝至於民，人道爲之成。大哉孝乎！」世人但能以「孝道」二字常藴在方寸内，則言必忠信，行必篤敬，忿亦漸消，欲亦漸寡，過亦能改，善亦能遷，人道備矣，然後可以配天地，曰三才。若不能以孝道自牧者，俗語謂之「不做人」，又曰「爲人不了」。

23或問：正心之學審能行之，足矣，奚用道法爲哉？

先生曰：此語中古之世則可行也。若去古既遠，人心澆漓。如魯論一書先聖所言，多未曾行，獨以「子不語神」藉口，其流弊至於無所忌憚、不知罪福、謗無因果者，多矣。又以天理作門庭，人欲爲行徑，適足爲本教之累。人心受病既深，道法乃其針砭。所以古人道是：「無口過易，無身過難；無身過易，無心過難。」言之於口，人得而聞之。行之於身，人得而見之。思之於心，神得而知之。人之聰明猶不可欺，況神之聰明乎？由是觀之，治人心過，非神不可，道法豈容廢哉？

24先生曰：忠孝居百行之先，中黄爲大道之祕。凡我弟子，皆當修身慎行，然後推以濟物。不然，驅役鬼神，徒增罪戾耳。

25先生曰：「天下道理最大」，此前朝賢相之言也。以愚見觀之，世間至甚靈驗，亦無如道理，以理由道生故也。順之則吉，背之則凶。每見曲昧道理之人，或大言無當以尚氣，或陰險私邪以求勝，亦何所不極其至哉，人力莫之能敵矣。但造物者好生地不放過他，縱〔一〕被刑辟，難免鬼誅。豈造物者不仁邪？良由彼輩自作自受之耳。

校注

〔一〕「縱」，疑其下闕「不」字，宗教録、青本改作「避」。

26或問：淨明法中，驅治尚殺伐否？

先生曰：大凡行法之士，未消得峻責鬼神，且要先浄除了自己胸腹間幾種魑魅魍魎，則外邪自然息滅矣。所謂魑魅魍魎者，只是十二時中貪財好色、邪僻姦狡、胡思亂量的念頭便是也。剿除此祟，先要勇猛決烈。無上之道，因此成就。況行法哉？所以道是：「能治内祟，方可降伏外邪。」若是不能清蕩内祟的人，縱有些來小去靈驗，天心終是未印可。更恐〔一〕異時身謝之後，却有執對的事來也。

校注

〔一〕「恐」，道藏本作「思」。

27或問：浄除邪念，有何法度？

先生曰：這箇却在念頭幾微上做〔一〕工夫。如何是幾微？譬如惡木萌蘖初生時，便要和根剗却。若待佗成長起來，枝葉延蔓，除之較難了。易曰「履霜，堅冰至」，言履霜之初，要防備後地有堅冰陰氣轉盛時。所以又曰：「君子見幾而作，不俟終日。」

校注

〔一〕「做」，道藏本無。

28先生曰：此教法，大概只是學爲人之道。浄明忠孝，人人分内有也，但要人自肯承當。入此教者，或仕宦，或隱遯，無往不可。所貴忠君孝親，奉先淑後。至於夏葛冬裘，渴飲飢食，與世人略無少異，只就方寸中用些整治工夫。非比世俗所謂修行，殊形異服，廢絶人事，没溺空無。所以此學不至潔身亂倫，害義傷教。

29或問：道法舊用奏申文字，今只上家書，無乃太簡乎？

先生曰：古者忠臣孝子，只是一念精誠，感而遂通。近代行法之士，多不修己以求感動，只靠燒化文字，所以往往不應。盖惟德動天，無遠弗届。今此大教之行，學者真箇平日能懲忿窒欲，不昧心天，則一旦有求於天，舉念便是。若平時恣忿縱欲，違天背理，一旦有求，便寫奏申之詞百十紙燒化，也濟不得事。異時法子行持精熟時，但是默奏，自有感通，家書不須亦可。自迄古以來，仙家化人，多尚經章符咒之屬。今净明大教之興，劈初頭便是壇記、壇銘、道説、法説，高文大論，總名净明忠孝之書〔一〕，每用儒家文字開化，何邪？此是教法變通處。經章符咒開化亦久矣，儒家往往視爲虚無荒唐之論。今此都仙真君以實理正學更新教法，緣仙材法器貴得明理之士，相與捄世度生，仰贊化育，所以示此也。

校注

〔一〕以上指前净明靈寶忠孝全書，即道藏本卷二。該卷先以單行，據徐慧序，黄元吉所刻題作净明忠孝書，徐慧所刻稱作净明忠孝全書。

西山隱士玉真劉先生語録外集

浄明傳教法師中黄先生黄元吉希文編集
浄明嗣派弟子丹扃道人徐慧子奇校刊

1先生曰：入吾忠孝大道之門者，皆當祝國壽、報親恩爲第一事，次願雨暘順序、年穀豐登，普天率土咸慶昇平。

2先生曰：龍沙記〔一〕，都仙言之千年之前，具載豫章職方乘，流傳至今，三尺童子莫不知之，非駕空無根之論也。龍沙自至元壬午生洲，緜亘豫章江心，非荒唐無驗之説也。本浄元明，心學之妙，課忠責孝，大教之典，不離日用常行之道，非幻譎怪誕之術也。真是千載一時不可逢之嘉會，學者勉乎哉！

校注

〔一〕「龍沙記」，即龍沙讖記，見前許遜傳，傳爲許遜昇天所遺，謂其仙去後千二百四十年，郡城江心生一洲，掩過沙井口，五陵之内當有八百地仙出，其師出豫章。

3 或問：都仙真君化生之事可得聞乎？

先生曰：都仙於開闢之後，實禀太陽餘氣而生，猶木星之有紫炁。其三生之前，降神母胎，所以母夫人夢吞赤烏之精而孕，後世誤傳「金鳳銜珠」也。生而不凡，長而學道，内鍊已成，陽數告終，是名曰死。及再現世間，則不假父母遺體矣。積修至道，内煉益明，又復蜕形者，示民有終也。暨三生出現，則正當吴赤烏二年建元改號，有開必先，仙身住世，内煉轉轉明淨。及上昇之後，在天爲星，所謂本體圓明，形而上者。

又曰：傳説「騎箕尾」者，即此之義也。

4 或問曰：昨承師教，以都仙真君三生出現，不假父母遺體。審如此，緣何又有仙眷？

先生曰：都仙三生出現時，内煉已成，不比凡夫中陰之身投胎。中陰投胎者，全假父母精血而成。仙身托胎者，純陽之體〔一〕，聚成形，散成氣，借寓而已，所以不同常人假父母遺體也〔二〕。出胎之後，依然冠婚仕宦，盖借此示現，以明人倫，以行忠孝，所以有父母妻子之屬、孝廉之舉、縣令之除。仙身示現凡身，烏得而無眷聚哉？

校注

〔一〕「之體」，原書破損，據道藏本補。

〔二〕「也」，原書空一格，據道藏本補。

5或問：都僊真君拔宅飛昇之事有之乎？

先生曰：非謂血肉之軀、厨宅雞犬高入九霄也。盖得道之士煉之又煉，内煉既精，陰滓消盡，通體純陽，聚則成形，散則成氣，飄然上征。輕清者歸于天，無可疑者。若論厨宅雞犬，則主人道果既圓，自有神物挾之而去，止在海外諸洲島間耳。

6先生曰：雷霆者，陰、陽二氣耳，却有善、惡二神主之。陽氣爲雷，陰氣爲霆。雷有聲，霆無聲。雷性善，霆性惡。雷好生，霆主殺。凡令陰霆擊物者，非必一一出於上帝諄諄然命之也。盖世間惡類，不善之氣，自然感召。如人之不忠不孝、物之蠹害元氣者，肅殺之機，不能容隱。其陰氣既降，查滓不能復升者，在地成形，謂之雷斧者是也。盖陽雷之動，專主發生啓蟄；陰霆之動，專主傷殺焚擊，亦各從其類耳。所以霆擊之所，雷必給水，愈人之疾，亦是神物將功補過，不失好生之德。凡霆擊物，本處不覺，而遠聞霹靂一聲，乃是陽雷攝上陰霆之氣，緣此二氣不可須臾離故耳。如煉靈砂，其硫黄禀太陽餘氣，水銀禀太陰餘氣，二物凝結而成。丹鼎之爆裂者，實硫黄爲之也。硫黄一動，水銀即隨之，亦陰從陽之義，與陽雷攝陰霆之意等耳。

7或問曰：先儒言雷霆，只是陰、陽二氣凝聚奮擊而然，言亦不及雷車、石斧之屬。何以道教中却有雷神，姓名、服色不一？果有之耶？果無之耶？願釋其疑。

先生曰：皆是也。吾聞大道之全，有渾然，有粲然。今夫雷霆，一陰一陽，其原實出先天之道，所謂渾然者是也。朱子有云：「未發之前，氣不用事。」若誅擊世間不孝、惡物之類，則實有雷神奉行，所謂粲然者是也。若帝武乙慢天，獵河、渭之間，而遭震死，則見之史矣。今天動威，以彰周公之德，則見之經矣。渾然者，先天之道。粲然者，後天之氣。

譬如王命征討不庭，穆清所出，此乃氣才用事之時。祇是綸音，初未見行陣之類，比似渾然之道一般。綸音才發出去，則將帥、旌旗、士馬、戈甲頓〔一〕臨彼境矣，非粲然乎？又如發蟄行春，驅龍降雨，推此亦可知大概。真儒抱先天之學，只認着渾然之道，談多不及後天之詳，非不知也，特不言耳。後天法家，只認着雷霆天將之屬，無非粲然之氣，有時問〔二〕他雷霆起處，多是漫不加省，个中惟有曾踏上頭關的親見過來也。先天、後天，渾然、粲然，無有不是。

又曰：乾爲天，降而爲露。坤爲地，升而爲霧。一升一降，爲甘露。艮爲山，山藏雲。震爲雷，震動發生萬物。巽爲風，風生巽位。離爲火，故有電〔三〕。坎屬水，出霆而行殺伐。兑爲澤，金生水，雨部屬之。

校注

〔一〕「頓」，道藏本、宗教録誤作「頗」。

〔二〕「問」，道藏本、宗教録誤作「開」。

〔三〕「雹」，宗教録同，道藏本誤作「雷」。

8或問：陰陽二氣化形之理？

先生曰：陰搏陽激，發而爲雷。陰凝陽流，走而爲電。陰弱陽盛，起而爲風。陰盛陽弱，聚而爲雲。陰陽升降，蒸而爲雨。陰陽舒和，降而爲雪。陰否陽潰，飛而爲霜。陰散陽泰，布而爲露。升降不能，化而爲霧。陰陽不暢，結而爲雹。淫水爲霓，淫火爲魃。

9或問：世間有一種不務德行之士，行道法則符將顯驗，此理如何？

先生曰：此輩是宿生曾於道教香火中積累功緣來，故今生受此報答。雖然，若更能崇行而知道，方謂之不朽功能。若不理道德，則不過一期適意耳。異時身後，冥冥中事緒亦不少矣。

10或問：淨明法中，符命何其簡而又簡也？

先生曰：符者，契合之義。先天符命，下筆多尚輕清，又不須執泥篆文糺結者，方謂之符。此中作用，契合於道，便謂之符。所以符同，不過直書四字而已。用至圓象時，所謂元氣歸根，神力最重。凡所到處，陽道勝陰，如日消冰。所攖者摧，所觸者破，視生意露在芒端者有間矣。

11或問：周、程、朱、張諸儒先，著書立言，多是力闢虚無寂滅之教，何邪？

先生曰：彼皆天人也，皆自仙、佛中來，以公心爲道，故生於儒中，救世偏弊耳。大概三家之學，皆是化人歸善，世間皆闕不得。但二氏之教若過盛，則於綱常之教未免有所傷。如乘舟之偏重，則須移身而正之，舟平始可行，道亦猶是也。又二氏真人、真僧則皆是人欲浄盡，純然天性。奈何如此者少，末流之弊每多，真儒於是乎出，以實理正學而振飭之。既振飭已，翛然而逝，復歸天人境中矣。

又問：何以見得是天人？

曰：但看佗剖析太極之妙處，便是學有所得的人，非天人而何？若道諸先儒就裏無自得之妙，周子如何作出太極圖與通書？程子如何註易恁地合道？至如邵子皇極經世書，全是百原深山中静坐工夫發現出來。晦庵、南軒之註四書，皆是退有所據的人。象山若無所得，如何做得一代宗師？臨終祈雪一事，尤爲奇特。若是杜撰漢，如何服得天下後世人心？要知真儒都是戒慎恐懼中做將出來，親見道體後説出話來，真是俯仰無愧。

又問：今説諸儒是天人，有何所據？

曰：謹按蜀本青元真人所註度人經云：「三界之上，四種民天，多是歷代聖君賢臣居之，如羲〔一〕、文、周、孔之徒是也。浩劫交周，鴻濛開闢，此諸天人降生人間，開物成務以教〔二〕民，庶爲民之種，故稱種民。」

舊見林侍宸傳：一日入朝，見元祐姦党碑，司馬光、程頤等諸名賢姓名皆在上。林公向之稽首，上怪，問：「卿何故作禮？」林曰：「時相輩捐爲奸黨，臣等見之，多是星宿之名。」

又如康節臨終時言：「吾夢旌旗鶴雁導吾行萬山中，吾神逝矣。」

晦庵亦自是武夷洞天神仙出來，扶儒教一遍，晚節盤桓山中，文墨可見。紫清白玉蟾亦甚加敬，贊其遺像，有云：「皇極墜地，公歸于天。武夷松竹，落日鳴蟬。」又云：「兩楹之夢既往，一唯之妙不傳。」晦庵亦曾註周易參同契來。多與鐵柱宫道士傅雲庵談道，有詩贈云：「到處逢人説傅顛，相看知是幾生前？直攜北斗傾天漢，去作龍宫第二仙。」至今手澤、遺像留本宫種德堂。

然諸先儒語言文字中，止塞抑遏之辭，隱然是世道之福、二教之福，時人不覺爾，静思方見得這道理出。

又問：世間止存儒教，可乎？

曰：是何言歟！若二氏之教可滅，則天滅之久矣，何至今日？後之學者，凡見先儒言語文字，要體認得大意是振飭世教，不必膠柱鼓瑟、泥其文辭可也。且宜泯默自修爲是。間有未量己之德行，望見先儒言語，於是極口觝排，何如貼身且看自己生平於事先奉親分上無欠缺否？能自拔於利欲之中，實如古人冰蘗自處否？能不愧暗室屋漏否？若踐履事事及得先儒了，又須念周、程、張、朱輩皆是再來的人，皆是有福的人；我未能然，不可更添言語也。大凡人自己本來福積不厚，肆口又無忌憚，愈見薄福去。要見薄福的證驗，平生數奇多忤、不如意事十常八九處便是也。福薄後，業愈重矣。業重，則再出頭來，面目又别了。大概仙佛自是累劫修積大福大德之人，於救世護生不可謂之無功，未庸輕議之也。其實世間聰明之士無惜自脩其本，進進不已，到得聖賢地位時，點頭一笑，方知吾言之不妄〔三〕。

校注

〔一〕「羲」，原作「義」，據道藏本改。

〔二〕「教」，原書破損，據道藏本補。

〔三〕本則於道藏本、宗教録分爲四則。

12先生曰：釋氏警策〔一〕有云：「父母不供甘旨，六親固已棄離。不能安國治邦，家業頓捐繼嗣。」如此看來，出家之士甚有濟河焚舟氣象矣。當〔二〕作如是思惟。退步，則其舟已焚；進前，自應努力。所謂努力者，精持戒行，一心在道，或勤勞材幹，香火功緣，他時自然有好收因結果。若不能思惟策中四句，猶且躭酒嗜肉，好色貪財，與下俗無少異，熙熙度日，悠悠一生，不覺不知，尖擔〔三〕兩頭脱也。何況不耕而食，不蠶而衣，日受人天供養，全無慚愧，不知補報，却是樂中受了，苦中還佗，惡境臨身，悔之何及。細細思之。

校注

〔一〕「釋氏警策」，即潙山大圓禪師警策。

〔二〕「當」，青本於其下衍「曰：出家人」四字。

〔三〕「擔」，原作「檐」，道藏本、宗教録同，青本改作「擔」，是。「尖擔兩頭脱」爲宋、元習語。

13或問：祈禱亦有卒無感應者，何耶？

先生曰：雨暘關係天地間生意，至誠求請，烏得不應？若平日操修涵養不能上合天心，一旦欲求其應，不亦難乎？人事盡時，天理自見。

14或問：諸家煉度，動是百十道符，完形續體。今浄明只是煉度二〔一〕符，無乃太簡乎？

先生曰：至道不煩，只是以善化惡，以陽制陰，收萬歸三，收三歸一，煉消陰滓，身浄自然化生。每見後天之法，不曾究竟得一个大本領，搬出許多枝梢花葉，徒爲已墮之魂重添許多妄想。浄明，先天之學，只要了得核中有个仁，仁中有一點生意，藏之土中，春氣才動，根生榦長，都出自然。豈曾見天公親刻株〔二〕葉也哉？

又曰：夜静則陰靈易達，日陽則地祇難通。事關幽冥，須用静夜。

又問：教中煉度之法，簡切之妙，既聞命矣。但一暘〔三〕之義，可得聞乎？

曰：混沌之初，譬如一甕滿〔四〕中純是濁水相似，澄湛既久，輕清上浮，重濁下沉，天地分矣。上下才分，便有一點真陽生於其中，名之爲日者是也。據某看來，自古及今，天地之中，只是一點陽光爲之主宰，足以鎮世。所謂陰者，不是别有一物，只是陽之影耳。所以道是「陰從陽」，又道是「陰陽不須臾離」。經〔五〕云：「太陽真精，爲萬物祖。」又云：「月本無光，望如黑鑑，日滉水光，暎以爲明。」又經云：「月待日明。」亦是此義也。又云：「九陽之精爲日，十陰之精爲月，日月之精和合爲星辰。」以此觀之，星月皆受日之光，見得天地間分明只是一點陽光爲萬物主宰。但舉「一暘」二字，則星月之光皆在其中。若説三光，則涉支離分散。若舉一暘，則是歸併底説話。木本水源，歸根復命，元氣聚一，豈不妙哉。

又問：何不只寫陰陽之陽字，今寫日傍暘字，是取何義？

曰：按韻註，「暘是日出，又是日氣」。蓋爲一切幽亡魂類，當初眼光落地時，全體歸陰，所以曰「幽關」，又曰「長夜」，受諸苦惱，不覩光明故。今而受煉者，仰承陽光照射，譬如更闌昏黑，忽覩海角光生，萬物精神相照；又如積雨開霽，人情自然舒暢和悦。所謂日出者，此也。若頻頻受煉者，積陽自生温暖之氣，一如寒谷回春，雪消冰解，草木群品萌芽迸發，生意盎然矣。所謂日氣者，此也。一暘煉度，其義如此〔六〕。

校注

〔一〕「二」，道藏本、宗教録誤作「一」。據後則所述，二符應爲煉度火符、水符。

〔二〕「株」，道藏本、宗教録作「枝」。

〔三〕「暘」，原誤作「陽」，據道藏本改。

〔四〕「甕滿」，道藏本、宗教録作「滿甕」。

〔五〕「經」，指度人經，引文除首則外，依次見於靈寶無量度人上品妙經卷十五月華陰景品、卷二十八三辰光輝保命延生品。

〔六〕本則於道藏本、宗教録分爲三則。

15或問：前云陰是陽之影，果爾陰中有主宰之神也無？

先生曰：陽有陽之至神，太陽上帝是也。陰有陰之至神，太陰皇君是也。烏得而無主宰？聖人尊陽貴陰，盖以此義。

先生因〔一〕曰：但是人身之影，亦有神道。書言：「人影益炬，可數至九數。」九影之神，亦各有名。古者有相人影濃淡，知貴賤壽夭；有艾灸人影療病者。又如蟲蜮之類，皆射人影而肆毒者。烏得無神？

又問：兩曜中間，日烏月兔，是取何義？

曰：日體外陽而内陰，月質外陰而内陽。日中金烏，實表陽中之陰。月中玉兔，實表陰中之陽。所以曰：「坎離之精，互藏其宅。」余昔面受都仙之旨教，令作煉度火符，先於圓象中心着一墨點；水符，先於圓象中心着一朱點，正取水陰根陽、火陽根陰之義。所以經〔二〕云「玄烏縞兔，交以天精」，蓋表陰陽生生不窮之妙理也〔三〕。

校注

〔一〕「先生因」，道藏本、宗教録作「又」。

〔二〕「經」指度人經，引文出靈寶無量度人上品妙經卷十五月華陰景品。

〔三〕本則於道藏本、宗教録分爲兩則。

16 或問：浄明告斗之法，何爲不設斗燈？何爲符命絶少？

先生曰：汝知星斗之所出乎？太極一真之源也。由太極而生陰陽五行，天賦人受，謂之健順五常。經〔一〕云：「日、月、五星，謂之三光。其配屬者，謂之大魁七元。」陽明貪狼，陰精巨門，即是日、月；其餘五星，即屬五行。七曜大明，彰示萬方者，只是天地中間二五之精，却皆屬後天。返真還元，同歸太極，而歸無形，是爲浄明大道，先天之宗本也。所以通真達靈，貴在得氣之先。今向浄明二曜九炁之燈，焚符所告者，昔都仙真君有旨云「此名先天之斗」〔一〕，盖指太極而言也。譬如尋流遡〔二〕源，着衣舉領。先天之法，貴乎簡者。就發端處用工，故不疾而速，不行而至。雖然，若不知自己身中中黄太乙之妙，又焉能感動天心北極也哉？若只靠存想之繁、符篆之多，吾但見其神離氣散耳。一真之妙，竟復何在？以是觀之，若無本領之士，此法亦未易行也。

校注

〔一〕「經」，當指度人經，引文未見。

〔二〕「遡」，道藏本、宗教録作「泝」。

17或問：都仙真君斬蛟之劍，可得聞乎？

先生曰：道劍也。智鍔慧鋒，實出一氣。未發之先，寂然不動，所謂形而上者謂之道；既發之後，形而下者謂之器。如星殞於地而爲石，霆所擊處有遺斧，即陰氣之查滓。今廬陵玄潭觀所藏之劍，非鐵非石，長不踰尺，實智鍔慧鋒之查滓也。

18或問：世傳都仙真君役鬼工鑄鐵柱之説，有之乎？

先生曰：神道設教，普化下根，其實只是地之精華融結成形。其出現也，有應驗，有時節。當時都仙道果圓成，天地之氣無不應驗。此柱非假鎔鑄，自然出現，以鎮壓一境耳。如魏青龍年，張掖柳谷口水溢湧寶石者，爲晉世之開先；唐貞〔一〕觀中，源州松昌鴻池谷中忽湧五石，青質白文者，昭李氏之靈祚也。

校注

〔一〕「貞」，原作「正」，據道藏本改。

19先生曰：參學之士，親書誓詞，投吾爲師；吾爲奏聞都仙真君〔一〕，轉奏上天，普告三界，依法付度，不須申奏文字。醮謝不限定儀，不得舉債泛費〔二〕。

校注

〔一〕「真君」，道藏本、宗教録闕。

〔二〕本則原屬上則，據道藏本單列爲一則。

西山隱士玉真劉先生語録別集

淨明傳派法師中黄先生黄元吉希文編集
淨明嗣派弟子丹扃道人徐慧子奇校正刊

1 或問：太上未形口訣，群仙未著丹經以前，昆蟲草木皆知變化，若墮言詮，轉没交涉。切聞教中有所謂淨明忠孝之書，毋乃支于説而費于辭乎？

先生〔一〕曰：吾教中有大中至正之道、千聖不傳之祕，出於言語文字之外者，子亦嘗得聞乎？夫書之行也，乃權法也，非實法也。實法者，一而已矣。何謂一？太上之淨明、夫子之忠恕、瞿曇之大乘，同此一也。推而論之，帝嚳之「執中」、堯之「允執厥中」、舜之「精一」、禹之「洪範」、湯之「聖敬日躋」、文王之「純亦不已」、伊尹之「一德」、孟子之「養氣」、子思之「中庸」，皆此一也。

立言雖殊，其道則一。聖人知道之不可言，而因言以顯道；知道之不可傳，而因心以契道。其曰「抱元守一」、「窮理盡性」、「明心見性」，爲未忘心法者言也。唯吾淨明大教，先聖後聖，以神合真，以心契道，不墮言詮，不落法塵。其所以流演密義，以言爲倡者，亦豈得已而爲之！政欲使學者從博而約，從修而證，回後天而先天，復有名而無名，符淨明無爲一也。到此時，則聖人之權法，亦猶「經者，徑之義」云耳〔二〕。

校注

〔一〕「先生」，原闕，據道藏本補。

〔二〕「云耳」，道藏本、宗教録作「也」。

2先生曰：人心之動，因物有遷。當於物接之初，返觀以遏其源，所謂復也。凡物之理，動無不復。雷轟風動，興行萬變，終歸於寂，乃其本也。

3先生曰：無極者，即太上所謂谷神，言其體也。太極者，即玄牝，言〔一〕其用也。谷虚而善應，神靈而無方，以至靈之物，藏至虚之所。能如是矣，則乾道變化，各正性命。此玄牝之所以爲天地根也。

校注

〔一〕「言」，道藏本、宗教録於其上有一「蓋」字。

4先生曰：大道生我於無，置我於虚，確然一靈，根於太始。故視而可見者，色也。而求其所以見色者不可得。聽而可聞者，聲也。而求其所以聞聲者不可得。夫人之耳目手足，皆形之於有，必藉其中無形者運之，猶虛空無形，以萬物之形爲形是也。惟無也，故能包萬有而無餘，以成大道之體。惟有也，故能顯一無之妙用，以成大道之功。

5先生曰：道寓於物，混成無間，此常道也。道散於物，辯物制名，非常道也。無極而太極，太極而兩儀，兩儀而五行，自無而之有，一本萬殊也。五行一陰陽，陰陽一太極，太極本無極，自有而之無，萬殊一本也。唯反〔一〕身而誠，復歸於一，則萬物皆備於我矣。

校注

〔一〕「反」，原作「及」，據道藏本改。

6先生曰：浄明先天大道，原於一炁。一炁運行，晝夜不息，周流升降，物資以始，此形而上者，天也。大塊流形，盤礴厚載，洪纖高下，物資以生，此形而下者，地也。道立其中黄，法布於八極，一正八治，天清地寧。此中立於兩間者，人也。天地萬化，人民品物，自生自化，自存自亡，昭然一理，孰爲主宰？向非浄明以忠孝立教，扶植綱常，則彝倫斁而生理息矣。雖然，志學之士，大忠大孝根於天性，安而行之，不勉而中，則我浄明之教無一字可傳。迨乎時丁叔運，世鼓澆風，有爲者萬殊千致，故太上推好生之德，憫人生之不齊，不得不彰其法耳。都仙真君曰：「上士以文立忠孝，以言爲天下倡。」〔一〕所謂文，所謂言，乃縛律也。使中人以下守此律，以不失爲君子；而中人以上，自是以上達也。果能如是，又當以斯道參贊化育，推以及人，故有祈晴禱雨、治病驅邪之法。凡法中一符一印，皆陰陽之靈文，天地神明之信也。體之，則一字不立；用之，則萬法皆通。凡我法子臻精真之極者，當於未舉筆以先體究；一念纔動，便屬後天。蓋天人相與，靡間一息，至誠所感，如矢中的，所謂「至誠一念，未動以先」是也。凡有投詞，當屏除衆務，澄湛一真，則行事之時，縱横妙用，無所不通。符印云乎哉？所謂斂之方寸，太極在躬；施之萬事，妙用無窮也。

校注

〔一〕「上士以文立忠孝，以言爲天下倡」，見於南宋翼真壇所出太上靈寶首入浄明四規明鑑經。

7先生曰：都仙玉真教主〔一〕先生於宋紹興辛亥間，授經於何真公等，有曰〔二〕：「下士呼符水，治藥餌，已人之一疾，救人之一病，謂之功。非功也，道家方便法門耳。吾之忠孝浄明者，以之爲相，舉天下之民躋於仁壽，措四海而歸於大平，使君上安而民自阜，萬物莫不自然；以之爲將，舉三軍之衆而歸於不戰以屈人之兵，則吾之兵，常勝之兵也。以吾之忠，教不忠之人盡變爲忠；以吾之孝，教不孝之人盡變爲孝，其功可勝計哉？」又曰：「上士非必入山，絶人事、去妻子、入閒〔三〕曠、捨榮華，而謂之服煉；當服煉其心性。心明性達，孝悌不虧，與山澤之癯童者異矣。忠孝之道，非必長生，而長生之性存。死而不昧，列於仙班，謂之長生。有曰養氣延年者，特未得其一二耳。君子之致乎道者八，八寶〔四〕是也。比干死諫謂之忠，大舜終身謂之孝，善卷殺身謂之廉，南容復圭謂之慎，榮期安貧謂之寬，顏回簞瓢謂之裕，叔度洪量謂之容，公藝恕己謂之忍。如是之人，位列仙班。後世失道之人，不忠不孝，以亂其國家，國家敗，無所容身，乃假名入山學道，是捨厦屋而入炎火也。子不見乎？民之不忠，天生聚斂之臣；子之不孝，婦産敗家之孫。」又有曰：「上士以文立忠孝，以言爲天下倡。中士以志立忠孝，以行爲天下先。下士以力致忠孝，以身爲衆人率。如此，則浄明院〔五〕注籍昇仙，而忠孝之道終矣。」

校注

〔一〕「玉真教主」之説，前此未見，爲劉玉所增。

〔二〕「有曰」，以下引文見於南宋翼真壇所出太上靈寶首入浄明四規明鑑經，文字稍有簡省及改易，次第亦有所出入。

〔三〕「閒」，原作「間」，據道藏本改。

〔四〕「寶」，太上靈寶首入净明四規明鑑經原文作「極」。白玉蟾旌陽許真君傳有八寶訓，即以「忠」、「孝」、「廉」、「慎」、「寬」、「裕」、「容」、「忍」爲訓。

〔五〕「净明院」，太上靈寶首入净明四規明鑑經原文作「南昌上宫」。「南昌上宫」爲南極長生大帝總司、延生之所，靈寶法中仙真所處，亦是鍊度成仙去處。「净明院」則爲南宋净明法所稱用，爲净明法中職法所隸，金允中上清靈寶大法目爲靈寶法異名。

8先生曰：塊桴土鼓，汙尊杯〔一〕飲，禮樂存焉。故有無聲之樂、無體〔二〕之禮。樂之鐘磬，金聲而玉振之也。修齋設醮，必擊磬以格天神，鳴鐘以召地祇，始終調理，貴在和澹，和而躁心釋，淡而欲念平。如是，則心正意誠，合乎無爲，故與天地一。今人未明此理，叩擊音聲，務求宏厲，慆堙心耳，令人欲動情勝，宜其天人間隔矣。又化財設供，不過表誠，貧士志誠，酌水亦可。所謂「東鄰殺牛，不如西鄰之禴祭」，故曰「大音希聲」，大禮必簡。

校注

〔一〕「杯」，道藏本、宗教録寫作「坏」。

〔二〕「體」，諸本同，似當作「醴」。

9先生曰：科法中建齋行道，只是積誠，以期醮祭之時，天人響答。每見朝醮行事太煩，及至祭享，則齋主、法衆誠意已怠。修齋之士，可不審之？

10先生曰：道不可名，所可名者，物而已矣。道不可傳，所可傳者，教而已矣。雖然，道在天下，未嘗無名，未嘗無傳。道之有名，如殘朴以爲器。凡器之中，有形而上者存焉。道之有傳，如大鈞元氣行於四時，萬物各遂其生。凡物之生，有執其機者焉。吾浄明大教，推本太上；究其言詮，則精一執中之旨。正一斬邪、三五飛步、先天五雷、一暘煉度，皆可名、可傳之大者也。求道之方，雖不在是，亦不外是。

11先生曰：今人無德有道，未戒先齋，可謂抱薪救火。

12先生曰：性猶日也，身猶月也。星家以人所生之時推日出之時爲立命，即我之性也；以月之所在爲安身，即我之身也。身命一〔一〕炁，自相依附，何也？日之所寓爲月，性之所寓爲身。人性之靈明知覺，非父母之靈，乃自性之靈也。其未生以前，精爽遊揚太空，去來無碍；纔出母胎，則此性欻然感附。而身命不相離者，亦猶月之生魄，必先與日相會，謂之合璧，此欻然感附之時也。月本無光，附日以明。日之光明，即我性之靈明也。以日之遠近，爲月之盈虧。月之盈虧，即我之生死。

校注

〔一〕「一」，宗教録同，道藏本闕，空一格。

13先生曰：天命流行，化育萬物，無非道也。日月星辰，昭布森列，無非經也。雷轟霆擊，霜清雪明，無非法也。細而幽林鳥噪，碧澗魚跳，雲片翕張，瀑聲嗚咽，如是景象，無非示人入處。故復卦以動之端爲見天地之心處。

14先生曰：上古之時，陰陽和暢，風雨順調，民物阜康，鬼神不擾，皆是太和之氣感召，亦大人過化存神之效也。

15先生曰：忠孝者，臣子之良知、良能，人人具此天理，非分外事也。若以爲有德於君父，而釣〔一〕名邀譽，是亦華士〔二〕、少正卯之流耳。

校注

〔一〕「釣」，道藏本、宗教録作「鈎」。

〔二〕「士」，道藏本、宗教録於其下衍一「元」字。「華士」見韓非子。

16先生曰：處臣子最難之地，而能通乎權變，以成天下之大經，立天下之大本，大舜、比干是也。故申生之待烹，以成其恭，非不孝者；而獨稱舜，不陷父於不慈也。微子之去殷，以存宗祀，非不忠者；而獨稱比干，能全臣之大節也。臣子之忠孝，而身不免乎戮，有幸與不幸也。大舜、申生、微子、比干，易地則皆然。

17先生曰：物理之相感，有不疾而速，不行而至者。燧諸水火，穹壤匪遥；磁石引鍼，隔礙潛通。知法家之符印爲燧諸，而一己之靈爲真水火，則可與語道法矣。非惟物理爲然，人亦有之。其母齧指，其子心動，此氣類之相感也。

18或問：儒家是有爲之學，道家是無爲之學。儒家之用是範圍天地之内，道家之用是超越天地之外。此説可得聞與？

曰：子未知有爲之學，又安能知無爲之學哉？

19或問：浄明大教，始於忠孝立本，中於去欲正心，終於直至浄明。然息心甚難。況日用〔一〕之間，天理、人心互爲雄長，爲之奈何？

曰：前念爲念，後念爲照。念起不著，浄心守一。但滅動心，不滅照心。但凝空心，不凝住心。湛然常寂，是名空心。止動歸止，是名照心。寂照兩全，洞合道源。浄極明生，玄之又玄。

校注

〔一〕「用」，原書破損，存上半，道藏本、宗教録誤作「月」。

20先生曰：寂然不動是無極，感而遂通是太極。無極者，浄明之謂，三界上者也。然天黄大暘，即天界之無極，昊天上帝爲太極。地黄太陰，即地界之無極，后土氏爲太極。人黄丹扃，即人界之無極，盤古王爲太極。又萬物之中，各具太極，非知道之深，不可語此。

21先生曰：喜怒哀樂不失於正，於道無傷，但須發之各有攸當，不致乖戾耳。

22先生曰：雷祖者，神霄九宸之無極也。九宸者，雷霆之九炁。九司者，九宸之餘炁耳。

23先生曰：今奉新縣浮雲山華林八百洞，政爲龍沙八百弟子而設，即八百群真之總會洞也。洞主乃太上老君。今稱「李真人」，又稱「李八百」，又云「日行八百里，壽至八百歲」，其説皆非。自天地開闢以來，即有此洞，以待後之列仙也。

24先生曰：世傳石函記、金鎖記及醉思仙歌等類，皆非真君所作。真君之文，無非發明忠孝之道，學者審之。

25先生曰：弟子授受之後，當秉孝誠，具列上世亡名，投師超度；或自行煉法，是亦報本也。詳見一暘煉度法中。

26先生曰：吾净明大教，示人以簡易之理，而人猶難之。甚矣，道之不明也。學道之士，當篤信心，萬一懷疑，便有窒碍。己且昏惑，何以明人？夫天與之而不能守，守之而不能行，是棄天也。自卑以求幸其言，自鬻以求售其學，是褻天也。棄天、褻天，是謂背道。凡我法子，戒之慎之。

中黄先生黄真公答問語録

浄明法子玉隆雲隱道人陳天和編集
浄明法子廬陵丹扃道人徐慧校刊

1 或問：奉道之士，居處端莊，齋戒沐浴，以崇香火，可得謂之浄乎？

答：愚聞之師曰：「浄不染物。」如上所問，是謂外貌之浄。然就裏必索要浄，方謂之内外交養。大概無别説，只要除去欲念，便是浄。就裏除去邪惡之念，外面便無不好的行。檢前輩云：「通身要得無枝葉，先向根頭下一刀。」其次要懲忿。據愚見觀之，忿亦只是欲，以其有意必固我，非欲而何？淘汰到無的田地，却是公心也。公能生明，所以曰「欲浄則理明」。

但静觀人被一私纏繞的，則胸次之理頓昏矣，尚且對人争辨曰「我是公心」，殊不知，衆心以爲不公矣。只我自己道是公心，怎濟得事？天心如何肯印可？又有人雖自信是公心，行事往往發揚有過當處，言語有不節省處，俗語謂之「無良」，公道名稱便不中聽了，以其縱不貪利，亦是貪名；又有是假公行私的，皆不合聖賢之道，不合天心。用得多了，積得久了，後地却有不美的招感上身來。何如遇事觸物時，平心定氣，說出公道話來，則人心自然畏服，不肯爲非矣。但涉忒做作處，便〔一〕是不美。若能方便，以理化導，是省多少氣，亦且上合天心。無欲故淨，於此尤可信。學到此時，方得謂之能淨。

校注

〔一〕「便」，原作「使」，據道藏本改。

2又問：遇事接物，必洞燭善惡邪正、是非曲直，可得謂之明乎？

答：愚聞之師曰：「明不觸物。」此言極有味。如前所問明矣，未極明也。若爲己之學，洞燭此理，但行善的正的、是的直的，道子固是不差池了。若待他人之道，洞燭其惡的邪的、非的曲的，不隨他轉爲是。此外，不宜發明太盡，惡訐爲直是也。但當生大慈憐憫的心，方便譬喻，引之歸於正道，不可則止，毋自辱焉。若忿嫉于頑，極口攻之，則是與之修怨矣，何取其爲明哉？先覺有言曰：「聰明深察而近於死者，好譏議人者也；博辯大言而危其身者，好發人之惡者也。」豈是明哲保身之道？似此，固能洞燭眼前，而未能洞燭未來也。故曰「聰明睿智，守之以愚」。學到此時，方得謂之能明。

3 又問：生平未嘗仕宦，無致君澤民之事，雖有忠心，將何所施？

答曰：是何言歟！如此，則人人必仕宦而後用心於忠乎？師曰：「人之心君，爲萬神之主宰。一念欺心，即不忠也。」大概仕宦之人，固當以致君澤民行事。不仕宦者，亦合念念在於不欺心，不昧理，緊要處先自不妄語，始能如前哲所言，方免爲不忠之人。爲學至此，方謂之能忠。

4 又問：事親之禮，冬温夏清，昏定晨省，口體之養，無不盡心，可得謂之孝乎？

答曰：此是孝道中一事耳。當知有就裏的孝道，不可不行持。大概吾身是父母遺體，但向行、住、坐、卧十二時中，善自崇護，不獲罪於五藏，方可謂之至孝。有一種人，心不尋〔一〕思公忠正直、仁孝廉明的所爲，每朝每日念念愛奸邪刁譎、澆薄險惡、千鬼萬怪，惟務坑陷虧負他人。這是獲罪於心藏。盖是邪穢奸狡之念，自涴靈臺多矣。若能醒覺，急忙盪滌，與之更始，可也。又有立心雖稍良善，却不肯講究衛生之道，飲酒無筭，廣殺物命，滋味求奇，不知節約，遂致病生。這是獲罪於脾〔二〕藏。又有色欲偏重，亡精滅神，至於殞軀。這是獲罪於腎藏。又有立心雖然公正，情欲亦自澹泊，然而嗔念獨重，動不動是使血氣，多不中節，甚至一朝之忿，忘其身教。藏有云：「嗔怒無節，令人心惛目亂。」醫書云：「盛怒傷肝，謂肺主氣，使肺金尅肝木，令肝不攝血，疾病生焉。」這是獲罪於肝、肺二藏。大概慾忿、縱欲、昧理三者，於五藏皆有所傷，而於本藏爲尤甚。凡獲罪於五藏的人，皆是破裂元氣，作撻身己，不行孝道的所爲。静思父母全而生之，子全而歸之，言語有忝多矣。所以曰：「不得罪於五藏，是名能孝。」

此外，却要理會得收放心，存夜氣，方謂之「反身而誠，樂莫大焉」。即是窮取生身受氣初的工夫。修學至此時，却是最上品的孝道。然不能養親，不能正心，不能惜身，但對人言「我能窮取生身受氣初，便是孝道了」，是謂不脩人道而脩仙道，後地成就未可必，而先獲罪於所天矣。當知九霄之上，豈有不浄不明、不忠不孝的神仙也無？如上能浄、能明、能忠、能孝四事，學者努〔三〕力進〔四〕修。得到這地步，又當知向上有真浄、真明、真忠、真孝，不可不知，不可不行。若能深明性地，不染一塵，動静俱定，應酬無傷，是名真浄。澄湛心源，冰壺水月，暎徹萬象，寤寐恒一，是名真明。不黍稷犧牲，惟不欺爲用，小心翼翼，昭祀上帝，是謂真忠。珍嗇元氣，深知天命，長養道胎，繼續正脉，是謂真孝。如上行持無忝，庶幾踐形惟肖，方謂之真人。

敢問真人之義云何？

答曰：真者，一真無僞。人者，異於禽獸。浄明教中所謂真人者，非謂吐納按摩、休糧辟穀而成真也；只是懲忿窒欲，改過遷善，明理復性，配天地而爲三極，無愧人道，謂之真人。

問曰：踐形惟肖，此不過儒家之説，是修人道之工夫，至於修仙道之要，是同是異？

答曰：吾當爲詳言之。大凡人生天地間，恰如印下一箇模子相似。又如蓮房有子，中含藕根、荷葉，具體而微。今夫人頭圓象天，天一也，乾陽之數奇，人皆一首。足方象地，地二也，坤陰之數偶〔五〕，人皆双足。須彌山爲天地骨，人有脊梁骨象之。泥丸居頂，象大羅天宫。兩眼象日月，三焦象三界，五藏象五岳，大小腸象江河。心有七竅，象七星，中天北斗七星，是二氣五行之總會，賦予人身，爲健順五常之性。臍居下，表風輪水淵之境。小水出乎前，表水歸東南海。大腑居其後，表酆都牢門向北。按經云「酆都在下方癸地，處穢濁腥黑海中」〔六〕，所以人間獄門皆作圜扉。古人制獄者，盖有所祖。又曰「酆都之山，日月光所不照」，人兩眼亦不及見其後。

人身如此，可謂稟〔七〕質陰陽，肖貌天地者矣，可不自重乎？姑以形軀言之。人當静坐時，正其衣冠，不動聲色，首體端直，坐如矴石，則一身鎮静，肖像乾坤，是有多少尊貴處。若輕浮躁動，偃仆欹側，動股摇身，坐不安席，是有多少寒賤處。是豈有志踐形惟肖者哉？形軀既能嚴整，行正坐正，睡卧亦端然；又當思惟一身之中，有無極之真、二五之精妙合而凝，實不離乎中黄丹扃也。能默悟此道而篤行之，即是能充其形矣。凡能如此爲人者，云爲中不昧本性，議論中皆有元氣。

問：如何是不昧本性？

一舉一動，作有義事。

如何是皆有元氣？

口〔八〕不忘大中至〔九〕正之理。

問：亦有人不理前語者，如何？

法子讀書明理，聞見此語而不自重自愛者，可謂不紹家業，又謂之自外造化。却怎筭〔一〇〕人？康節云：「還知虚過死萬遍，恰似不曾生一般。」然造化實未嘗相外。何以故？但看順理而行者，自有無量福德；背理而行者，自有無盡憂苦。由是觀之，立身穹壤間，父乾母坤，豈可不思踐形克肖也哉？

校注

〔一〕「尋」，原書破損，據道藏本補。

〔二〕「脾」至「凡獲罪於」，凡一百四十字，宗教録闕。

〔三〕「努」，原作「弩」，據道藏本改。

〔四〕「進」，原書破損，據道藏本補。

〔五〕「偶」，道藏本作「耦」。

〔六〕「經」，指度人經，所謂「酆都在下方癸地」見靈寶無量度人上品妙經卷四十北都除殃品，「穢濁腥黑海」見太上洞玄靈寶度人經法卷二註引伏魔經。

〔七〕「稟」，原書破損，據道藏本補。

〔八〕「口」，似爲「曰」字之誤。

〔九〕「至」，原書破損，據道藏本補。

〔一〇〕「筭」，道藏本、宗教録誤作「弄」。

5或問曰：孟子有云：「不孝有三，無後爲大。」室欲之義，願聞何如？

答曰：道書云：「人生十六歲爲春，十六歲爲夏，十六歲爲秋，十六歲爲冬，通成六十四歲，以配六十四卦。」當春夏之年，體春元夏亨之義。元者，始也，元氣渾淪，宜善保護。亨者，通也，元氣宣通，以淑其後。此盖花開葉發，比人朱顔青鬢時也。然雖如此，切忌過分，庶幾免病矣。所以前賢有云：「少而寡慾顔常好，孝不求名語亦真。」此兩句甚有味。

又要理會得「宜爾室家〔一一〕」者，是名正欲；此外有犯，是名邪淫，又名非道行淫。儒家謂之踰禮越禁，冒犯憲章。仙、佛書中謂之極重惡業，墮落輪回。正欲者，只是嗣續人道，繼承胄系，作有義事。若犯邪淫，則是作無義事，認苦爲樂，或疾病，或夭折，皆是不重遺體，於孝道有虧；且使神識日墮幽陰穢濁之境〔二〕而不自覺，良可哀憫。前輩曰：「作有義事是明悟心，作無義事〔三〕是狂亂心。」明悟不惛者，得人道之正；狂亂不改者，殆非人〔四〕類矣。

若珍護〔五〕元氣，至秋時宜漸收斂。傳曰：「秋者，揫也。」揫斂之象，草木黄落，比如人身鬚髮漸白。草木當此，乃歸根復命之時，元氣歸宿于根本，所以逢春生意勃然。至十六歲冬時，尤宜深藏秘固，如霜降水涸，河冰地凍，故謂之秋收冬藏。可以人而不如物乎？大概古先聖〔六〕體天法道，與四時合其序，於宇宙間俯仰無愧。今之學者，自當依而行之，去道不遠。更有年華雖老，自漏不止，元氣不復歸根，遂至自己神識隨流傾墮寒庭幽境，冥冥長夜，未見其有生意，良可惜也。

問：亦有人當夏秋之時，嗣續未立，則如之何？

曰：固有不獲已，於秋冬之時，方有嗣息，然亦貴自撙〔七〕節，念念以景迫桑榆爲懼，免致放肆而無忌憚。

問：四時後，猶餘年歲，屬之春乎〔八〕？冬乎？

曰：道書云：「卦數已滿，精神有限，惟安穀氣而生，但名耆壽。」六十五後，至于瞑目之際，無非窮冬臘盡之時。若此生中，恣忿縱欲，曲昧道理，則精、神、魂、魄、意五者皆歸于陰，受諸苦報，未能托胎更生人間，譬如無根之草木，雖逢〔九〕臘盡春回，而斬〔一〇〕無生意。若此生中，忿懲欲窒，天理不昧，則精、神、魂、魄、意五者俱在陽光之中，生意盎然，身謝之後，隨其福業，或生天上，或生人間，恰如臘盡而春即回也。

校注

〔一〕「室家」，原作「家室」，據道藏本改。
〔二〕「之境」，原書破損，據道藏本補。
〔三〕「義事」，原書破損，據道藏本補。
〔四〕「人」，原書破損，據道藏本補。
〔五〕「護」，原作「互」，據道藏本改。
〔六〕「聖」，道藏本、宗教録下有「賢」。
〔七〕「撙」，原作「樽」，宗教録同，據道藏本改。
〔八〕「乎」，原書破損，據道藏本補。
〔九〕「逢」，道藏本、宗教録作「以」。
〔一〇〕「斬」，原作「漸」，據道藏本改。

6 或問曰：今有學者，久别父母，求仕於千里之外，自以立身揚名顯親藉口，果可謂之孝乎？

答曰：唐陽城爲國子司業〔一〕，一日引諸生告之曰：「學者，所以學爲忠孝也。諸生有久不省親者乎？」明日，還養者二十輩。有三年不歸侍者，斥之。觀前輩此等教法，誠可爲準的。由是觀之〔二〕，但知仕宦，不顧父母之養者，烏得謂之孝道？

校注

〔一〕「司業」，原作「祭酒」，據道藏本、宗教録改。

〔二〕「觀之」，原書破損，據道藏本補。

7 或問：如何謂之三界保舉？

答〔一〕曰：學者常以「忠孝」二字貼在額頭上，要念不妄動，身不妄爲，言不妄發。律己須索嚴正，待人却合寬厚，所謂和而不同，和而不流。積日久久間，則上品、中品、下品的人，便自然心悦誠服。語言之間，不待思惟，説出來便相信了。詰其根源，只是就「誠」字上做出。世人三等既相信，天地鬼神亦相與矣，何患不成仙也。

因告之曰：學道之士，若行得三十分工夫時，天心方印可，行法則法有靈驗；辦道則道有成就。第一要履踐〔二〕十分端正，第二要守道十分静工，第三要臨事十分誠敬，無有不應。若無此三者，縱是參到天涯海角，見了無數宗師，只恐虚老歲月。

又曰：胸中不可無明鏡一面，以其能洞照事理，云爲不昧。又不可無利劍一張，以其見事能斷制，無復狐疑、猶豫之情。又不可無官稱一枝，以其知輕識重，不差分毫。具此三物，方可保其學至聖賢、神仙地位也。

校注

〔一〕「答」，原書破損，據道藏本補。

〔二〕「履踐」，道藏本作「踐履」。

8 或問：淨明之道，尚神奇變化否？

曰〔一〕：大道無名、無形、無情。所以曰：「平常心是道。」又曰：「萬般祥瑞不如無，平常安穩却合道。」學者但當行持，能淨能明，能忠能孝，久久至於真淨、真明、真忠、真孝，感格霄穹，自有成就，成變化，行鬼神，雖舉意皆如，然而終不失正念，其道莫大焉。世俗所謂神怪之事，實非所尚也。

校注

〔一〕「曰」，道藏本、宗教録於其上有一「答」字。

9 或問：罪福因果之事有之乎？

答曰：未須廣引仙經、佛教，但以儒書言之。「作善，降之百祥；作不善，降之百殃。

積善之家，必有餘慶；積不善之家，必有餘殃。言悖而出者，亦悖而入；貨悖而入者，亦悖而出。戒之戒之。出乎爾者，反乎爾者也。」即此便是罪福因果。所以先儒有云：「天地〔一〕間只是一箇此感彼應。」又曰：「逼塞虛空，無非此理，如此則感〔二〕應之道昭昭矣。」大凡人作善者，譬如下五穀種子，分明是春種秋收；作惡者，譬如彎弓入陣，決定有報箭來。但上品之士，決不肯犯；中根之人，喫拳後，方省記打拳時；愚暗者，全然不省。

問：亦有作善、作惡無報者乎？

曰：果熟，然後蒂落；未熟時，勿訝其不落也。前賢詩云：「冬去冰須泮，春來草自生。請公觀此理，天道甚分明。」

校　注

〔一〕「地」，原書破損，據道藏本補。

〔二〕「感」，原書破損，據道藏本補。

10 或問：許、吴十二真君，向來脩仙道，皆是出家高士否？

答曰：謹按仙傳云：都仙許真君少時尅意爲學，博通經史，不求聞達，鄉黨化其孝友，交遊服其德義，郡舉孝廉不就，晉朝屢加禮命，乃以太康元年起爲蜀郡旌陽縣令。吴君仕吴，爲西安縣令，今分寧是也。天性至孝。陳君、周君皆世族儒生。甘君乃草澤布衣。施君初爲鄉壯士，弓劍絶倫。彭君舉孝廉，仕晉，累遷尚書左丞。盱君、鍾離君皆都仙姊氏之子。黄君實都仙之壻，任青州從事。如上，皆坐家修行之士也。此外，惟有曾君、時君從少爲黄冠上士，然皆慕孝道之教而成真焉。由是觀之，道由心悟，玄由密證。得其傳者，初不拘在家、出家，但有志節，無不成就。何況日、月二君元傳淨明忠孝之道，不必廢人倫，外名教，絶俗離群。而吾師玉真先生際〔一〕遇都仙，亦以在俗之身焉。學者無間道俗，勉之勉之。

校注

〔一〕「際」，道藏本、宗教録闕。

11或問：都仙真君既是太陽上帝化生，而於晉朝仕不顯融，止舉孝廉，除縣令，何哉？

答曰：大凡得道至人，皆神靈變化，隱顯莫測，不以官職崇卑爲拘也。所以葛稚川神仙傳云，老子乃天之精魂，無世不出，如上三皇時爲玄中法師，黄帝時爲廣成子，周文王時爲守藏史，武王時遷柱下史之類。又如梓潼帝君生周宣王時，爲大夫張仲孝友是也。又如玄天上帝出現宋朝，爲狄招討馬前，曾示現〔一〕龜蛇之形，則化身爲將軍矣。又如純陽真君生唐時，不過一進士，道成之後，自稱前生乃九天御史。蓋諸聖賢往往皆如藏教中所云「道果已成，回入塵勞，退位度生」，豈凡夫所能測度哉？

校注

〔一〕「示現」，道藏本、宗教録作「現示」。

12或問：玉真語録所載鐵柱之事，云是地之精華湧出。何以古今〔一〕相傳圖畫，明明作役使鬼神用工下手之狀？亦必有所據。

答曰：世間此等事説來煞有曲折，但須深〔二〕造道妙、智周萬物、無所不通者可與語此。按藏教中有云，譬如一種飲食現前，天、人、鬼、畜四類，所見自是不同，謂各隨其福業故耳。天神見，是酥酡妙饌；世人見，是平日飲食；餓鬼享之，爲吞火食炭；禽獸食之，則止充飢而無味。所以一切山林屋舍、舟船車輿等，彼四類見之，種種各別。又云，恒河中水，人見，則分明是波浪；業重之鬼見之，顛倒以爲烟焰矣。又舊記雷書有三種鬼囚，皆是凡夫所犯，歿後料揀罪狀，當入此数：一是輓運雨澤，謂運水逆升虛空，助龍行雨；二者撻汲溟波，俗謂之推潮鬼；三者伐薪煮泉，諸處湯泉是也。以人觀之，則云：「雨自天降，潮是海涌，湯泉是土地所出，那有許多事？」而冥冥中所見如此。

今夫鐵柱當涌出地時，都仙宴息真淨妙明境中，不過微作念耳。盖成道護生時節，因緣應如是也。此即關尹子所謂「道無鬼神，獨往獨來」的境界，今此教中謂之深造真淨妙明之心學。若凡夫肉眼，當時自見有許多〔三〕鬼工現前，鈴槌鑪鞴，靡所不有。若業龍、蛟〔四〕、蜃之類，則當時自見有鐵柱、鐵鎖制伏拘束，彌密牢固，畏懼退縮，略不敢動作矣。無佗，只是有道之士心境虛明微妙，所見自然輕清，無許多繁擾麄重；縱有所作，皆神動天隨，不過性海中一浮漚發耳。若凡夫、蛟、蜃輩，業力濃厚，所見自然麄重惡濁，便有許多境界現前。所以上聖高真往往指此輩爲妄見、妄聽之徒。如此，則人間相傳安得而不爲圖畫哉？

校注

〔一〕「古今」，道藏本、宗教録作「今古」。

〔二〕「深」，道藏本、宗教録誤作「探」。

〔三〕「多」，原書破損，據道藏本補。

〔四〕「蛟」，原書破損，據道藏本補。

浄明忠孝全書後序

經曰：「欲脩仙道，先脩人道。」是以浄明道法必以忠孝爲脩行之本。扶植萬世之綱常，實群仙積功累行之先務也。蓋忠孝，人道之大端，百行之原也。忠莫大於不欺，不欺莫大於不欺君；孝莫大於愛，愛莫大於愛親。故施之，必自君親始。擴而充之，一念之或欺，非忠也；一體之不愛，非孝也。忠且孝，則性天不昧，性天不昧，則浄而明矣。夫浄明者，道體之本然也，先天也；忠孝者，道之用也，後天也。自忠孝馴至乎浄明，後天而先天也。仙聖之道，豈有外於此哉？

昔者太上授之日、月二君，二君授之旌陽祖師。越若干年，玉真祖師應龍沙之讖，親受旌陽之傳，爲八百真仙之師匠，以大闡斯道於垂絶。再傳至丹扃祖師，輯爲是書，以詔學者。厥後，我師祖原陽趙真人、先師長春劉真人上承仙緒，實振揚而昌大之，學者宗爲嗣師焉。以正猥以庸陋，仰荷師傳，於忠孝之旨嘗竊幸預有聞焉，猶愧未能上窺浄明閫奥之萬一，然而不敢以愚騃自棄而不勉焉以求其至也。同志之士幸逢道運之方隆，可不知所用其力哉？惜乎是書板毁不存，學者不能覩兹大道！以正捐貲命工重壽諸梓，以廣其傳，其於道也，庶有小補焉。復以原陽、長春二真人像、傳刊於諸祖之後，用續師派云。

景泰三年歲次壬申中秋日，嗣派弟子守玄沖靖高士、

兼道録司左正一東吴邵以正齋沐頓首謹書

附録

許真君淨明宗教録所收像贊

許真君像贊

赫赫至神，如日行天。妙握化機，用彰體全。

道本淨明，行先忠孝。豈異言哉，君子之教。

道傳諶母，法繼明王。廣弘忠孝，普濟存亡。

斬妖馘莽，却禍除殃。保安家國，斡運雨暘。

功成拔宅，上賓帝鄉。存神通化，今古流芳。

青城山樵者虞集贊，雄衡山弟子楊爾曾書。

經師洪崖張真君像贊

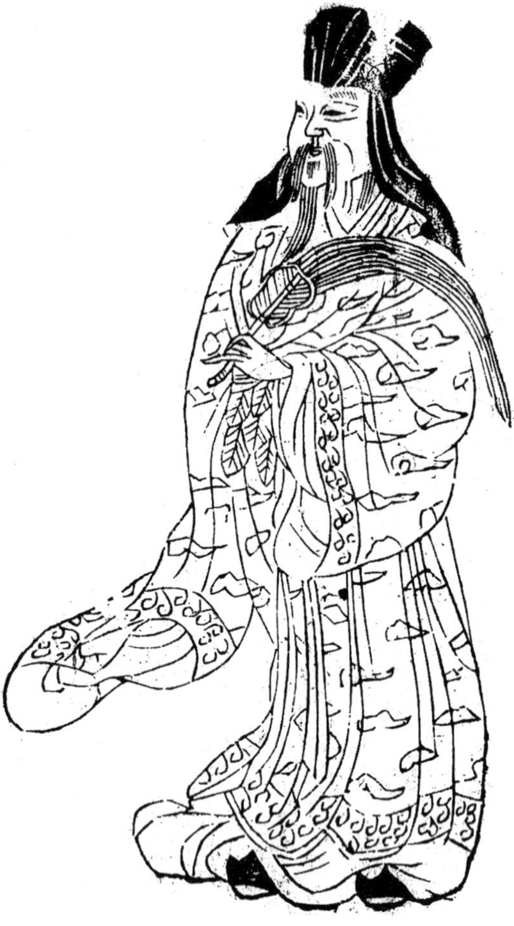

上古至人，可知者名。孰執其御，五行之精。姑射之南，洪崖之里。如將見之，雲蒸霧起。弟子楊爾曾書。

洞真胡真君像贊

長身奮髯，威動天應。神工效能，物怪潛屏。來乘長風，去淩紫煙。知德猶希，況問其年。弟子楊爾曾書。

景純郭真君像贊

洞陰徹陽，經山緯水。世傳其書，孰究本始。我懷遊仙，千仞青溪。天高月明，龍吟鶴飛。弟子楊爾曾書。

玉真劉先生像贊

黄堂有宫，西山正中。白雪丹霄，古仙奇逢。神哽玄徽，爲道綱紀。身先八百，維玉真子。弟子楊爾曾書。

中黄黄真人像贊

守神明廬，析忠孝理。抱樸無營，含章有美。冠褐蕭蕭，眉宇堂堂。孰繼玉真，其維中黄。弟子楊爾曾書。

丹扃先生自贊

女本非有我本空，造化爲女幻此容。使我乘女如乘龍，百年鼎鼎聊相從。他年女欲復爲土，我亦返駕遊鴻濛。尊前有酒女當醉，慎勿只與常人同。弟子楊爾曾書。

中黄内旨

玉真先生云：無極中黄大道，本是口傳心授，不立文字。吾今慈憫初生之士一時聞之，不能記憶，故設爲此善巧方便，令彼入耳注心，眼觀神領。傳度既畢，即時焚之，勿令汎之。

内旨曰：夫天有九宫，地有九州，人有九竅。天有中黄，爲太陽；地有中黄，爲太陰；人有中黄，爲丹扃，俱名爲中黄八極。中言其色。故謂中黄八極者，是八方總會，要處又只是中宫，即黄庭，即玄牝，即先天一氣，即玄關一竅，即至善之所，即黄極之道，即允執厥中。在五行，謂之土；在五臟，謂之脾；在五常，謂之信。藥物、三氣、五神、火候、呼吸，盡在是矣。行住坐卧，皆當注念，不可須臾離也。不廢人事，但當正心處物，常應常静，吾祖師所謂「多言數窮，不如守中」。又言「三十輻共一轂」。輻者，脇肋。轂者，中扃也。又言「天地之間，其猶槖籥乎」，乃呼吸之謂也。呼，則腎氣昇，得土則止。吸，則心液降，逢土則息。即此謂水火鍛煉而成大丹。若能存守，則法無不靈。吾常謂「若要道法靈，須是守中扃」。中者，理，得上下四隅，不偏不倚之謂也。天地相去八萬四千里，人之心腎即一身今云臍之天地，相去八寸四分。以中指節文爲則，自臍上至鳩尾骨尖，只有八寸四分。惟中間一寸二分爲黄庭，者，蓋與腎對也。故心之下去三寸六分，臍、腎之上三寸六分。主我身命。所謂至聖之道，秘之秘之。

（以上出養生秘録）

浄明法中治勞瘵方

度師玉真先生傳

其方須先鍊度如法。次以南木香五錢，重切碎，用新潔瓦器，慢火煎出濃汁，分作二處。留出木香渣，將在一處。調朱砂書符。一處調青蒿。用青蒿九斤，重切碎，用〔一〕新潔鐵鍋，水煎一日，去渣，取濃〔二〕汁。入前木香渣再煎，去渣，以前木香濃汁，一處慢火熬成膏。朱〔三〕砂五錢，重〔四〕爲細末，用〔五〕前一處木香汁調書五炁符及鍊度中五炁符，燒化，入木香汁内，就用此化開青蒿膏，于〔六〕患人服〔七〕。切戒勿令患者知之。務在志誠而爲也。忌一切産、孝〔八〕、外人、畜類等見之。無不神效。此方，行是法者用之，尤爲妙也。

校注

〔一〕「用」，青囊本於其上有一「後」字。
〔二〕「濃」，青囊本於其上有一「其」字。

〔三〕「朱」，青囊本於其上有「又取」二字。
〔四〕「重」，青囊本作「研」。
〔五〕「用」，青囊本作「同」。
〔六〕「于」，青囊本作「與」。
〔七〕「服」，青囊本下有「之」。
〔八〕「産」、「孝」，原闕，據青囊本補。

（以上出急救仙方卷十一上清紫庭追癆仙方品〔一〕）

〔一〕急救仙方卷十、十一即上清紫庭追癆仙方，據青囊本卷首明洪武二十九年劉淵然序，知爲趙宜真所編。

白玉蟾所撰旌陽許真君傳等傳

旌陽許真君傳

真君姓許氏，名遜，字敬之。曾祖琰，祖玉，父肅，世爲許昌人，高節不仕，潁陽由之後也。父漢末避地於豫章之南昌，因家焉。吴赤烏二年己未，母夫人夢金鳳銜珠墜於掌中，玩而吞之，及覺，腹動，因是有娠，而生真〔一〕君焉。勾曲山遠遊君邁、護軍長史穆，皆真君再從昆弟也〔二〕。真君生而穎悟，姿容秀偉，少小通踈，與物無忤。嘗從獵，射一麀鹿，中之，子墮，鹿母猶顧舐之，未竟而斃。因感悟，即折棄弓矢。剋意爲學，博通經史，明天文、地理、曆律、五行、讖緯之書，尤嗜神仙修煉之術，頗臻其妙。聞西安吴猛得至人丁義神方，乃往師之，悉傳其祕。遂與郭璞訪名山，求善地，爲棲真之所。得西山之陽逍遥山金氏宅，遂徙居之。今逍遥福地玉隆〔三〕萬壽宫是也。金氏見爲神，後有傳。日以修煉爲事，今有丹井，藥臼存焉。不求聞達。鄉黨化其孝友，交游服其德義。嘗有售鐵燈檠者，因夜撚〔四〕燈，見有漆剥處，視之，金也，翌日，訪主還之。人有餽遺，苟非其義，一介不取。

校注

〔一〕「真」，原作「吴」，據修真本改。

〔二〕許遜出身本屬不明，與許邁、許穆偶同姓而已，其實並不相關。將許遜與句容許氏通譜始自胡慧超西山十二真君傳。在唐代上清經、師傳統得到尊崇的背景下來看，屬於明顯的攀附，與胡慧超重振西山孝道的志願有關。

〔三〕「玉隆」，原作「王壽」，據修真本改。

〔四〕「撚」，修真本作「燃」。

郡舉孝廉不就，朝廷屢加禮命，不得已，乃於〔一〕太康元年起爲蜀郡旌陽縣令，時年四十二。視事之初，誡吏胥，去貪鄙，除煩細，脱囚縶，悉開喻以道。吏民悦服，咸願自新。發摘如神，吏不敢欺。其聽訟，必先教以忠、孝、慈、仁、忍、慎、勤、儉，近賢遠奸，去貪戢暴，具載文誡，言甚詳悉。復患百里之遠，難於户曉，乃擇〔二〕秀民之有德望與耆老之可語者，委之勸率，故爭競之風日銷，久而至於無訟。先是，歲飢，民無以輸租，郡邑繩以法，率多流移。真君乃以靈丹點瓦礫爲金，令人潛瘞於縣圃。一日，籍民之未輸者咸造于庭，詰責之，使服力役于後圃。民钁地獲金，得以輸納，遂悉安堵。鄰境流民慕其德惠，來依附者甚衆，遂至户口增衍。屬歲大疫，死者十七八，真君以所授神方拯治之，符呪所及，登時而愈，至於沉痾之疾，無不痊者。傳聞他郡，病民相繼而至者，日且〔三〕千計。於是摽〔四〕竹於郭外十里之江，置符水於其中，俾就竹下飲之，皆瘥。其老〔五〕耄羸疾不能自至者，汲歸飲之，亦獲痊安。蜀民爲之謡曰：「人無盜竊，吏無姦欺。我君活人，病無能爲！」其後，江左之民亦來汲水於旌陽，真君乃呪水一器，置符其中，令持歸，置之江濱，亦植竹以標其所，俾病者飲之，江左之民亦良愈，今號蜀江。亦名錦水。今屬瑞州高安縣。真君任旌陽既久，知晉室將亂，乃棄官東歸。旌陽縣屬漢州，真君飛昇之後，詔改爲德陽，表真君之德及民也。尋移〔六〕縣治於西〔七〕偏，而〔八〕以故地爲觀，今號「旌陽觀」。〔九〕蜀民感其德化，無計借留，所在立生祠，家傳畫像，敬事如神明焉。啓行之日，嬴糧而送者蔽野，有至千里始還者；有隨至其宅，願服役而不返者，乃於宅東之隙地，結茇以居，狀如營壘，多改氏族以從真君之姓，故號許家營焉。其遺愛及民有如此者。

校注

〔一〕「於」，原作「取」，據修真本改。

〔二〕「擇」，原書漫漶，據修真本補。

〔三〕「且」，原作「旦」，據修真本改。

〔四〕「摽」，修真本作「標」。

〔五〕「老」，原作「悼」，據修真本改。
〔六〕「移」，原作「彩」，據修真本改。
〔七〕「西」，原作「四」，據修真本改。
〔八〕「而」，原作「面」，據修真本改。
〔九〕白玉蟾以旌陽爲德陽，應是受南宋時地方性傳説的影響，早期史料並無此類説法。現存六朝遺説未見有關旌陽之記述，武周時胡慧超所作西山十二真君傳作「蜀旌陽」，唐、宋之際佚名所作孝道吳許二真君傳作「氏陽」，但註稱「氏陽，蜀郡所管」。氏陽於史無徵，柳存仁許遜與蘭公認爲應是氏陽，並且是蜀漢所轄氏道的誤寫，拙作許遜形象的構建及其意義則認爲，「氏陽」是隨上文而誤，而上文「許氏陽」可能是「許氏旌陽」的訛脱。旌陽則屬荆州南郡，見於三國志、晉書，曾爲蜀漢所有。秋月觀映中國近世道教的形成：淨明道基礎的研究以及拙作均認爲此「旌陽」即荆州南郡之旌陽，曾屬蜀漢管轄。此點從傳中講述江左之民汲水旌陽的故事來看，亦可得到證明：旌陽如遠在蜀郡，千里跋涉，道死者且不知凡幾，尚何期於活人；若在荆州，比之蜀郡猶如咫尺，渡江即可。無論是從行政、地理，還是一般邏輯而言，旌陽都不可能是德陽。

真君嘗至新吳，憩于柏林，有女童五人，各持寶劍來獻，真君異而受之。其地今爲植林觀。既而偕至真君之第〔一〕，惟日擊〔二〕劍自娛，人莫能測〔三〕。真君識其劍仙也，常禮遇之，卒獲神劍之用。真君飛昇之後，遂隱于手植柏之下，因號「柏樹仙童」。既而與吳君游於嵩陽，聞鎮江府丹陽縣黄堂靖有女師諶姆多道術，遂同往致敬，叩以道妙，姆曰：「君等皆夙禀靈骨，仙名在天。然昔孝悌王自上清下降，化度人世，示陳孝道，初降兖州曲阜縣蘭公家，謂公曰：『後晉代當有神仙許遜傳吾此道，是爲衆真之長。』留下金丹、寶經、銅符鐵券，令公授吾，使掌之，以俟子，積有年矣。吾復受孝道明王之法，亦以孝爲本。子今來矣，吾當授子。」乃擇日登壇，依科明授，闡明孝道，誓戒丁寧，出銅符鐵券、金丹、寶經并正一斬邪之法、三五飛步之術諸階祕訣，悉以傳付許君。今浄明法〔四〕、五雷法之類，皆姆〔五〕所授也。顧謂吴君曰：「君昔以神方爲許君之師，今孝道明王之道獨許君得傳，君當返師之也。況玉皇元譜君位玄都〔六〕御史，許君位高明大使，總領仙籍，品秩相遼。又〔七〕所主十二辰配十二國之分，許君玄枵之野，於辰爲子，統攝十二分野；君領星紀之邦，於辰爲丑耳。自今宜以許君爲長也。」二君禮謝訖，辭行，真君方心期每歲必來謁姆，姆覺之，曰：「子勿來，吾即還帝鄉矣。」因取香茆一根，南望擲之，曰：「子歸認茆落處，立吾祠，歲秋一至足矣。」二君還，首訪飛茆之跡，尋於所居之南四十餘里得之，已叢生矣。遂建祠宇，亦以黄堂名之。今號「崇真觀」〔八〕。每歲仲秋之三日，必往朝謁焉。

校注

〔一〕「第」，原作「弟」，據修真本改。

〔二〕「擊」，原作「繫」，據修真本改。

〔三〕「測」，原作「側」，據修真本改。

〔四〕「法」，化録無，作「浄明五雷法」。原文如爲「浄明五雷法」，則指浄明派之五雷法；如爲「浄明法、五雷法」，則分别指浄明派道法以及不屬於浄明法的五雷法。而南宋流行的諸種雷法中，清微法雖以許遜爲祖師，但並不追溯至諶姆。

〔五〕「姆」，修真本作「時」。

〔六〕「玄都」，原作「元郡」，據修真本改。

〔七〕「又」，原作「人」，據修真本改。

〔八〕「崇真觀」，即續真君傳所謂「黄堂觀」，化録下更註云「今稱黄堂隆道宫者是也」，如非白玉蟾原註，則至晚到南宋淳祐間，已升爲宫，並稱「黄堂隆道宫」。

初，真君往訪飛茆，路傍見陂水清澈，爲之少憩，曰憩真靖。今清波林憩真觀是也。又見鄉民盛烹宰以祀神，且相詫曰：「祭不腆，則神怒〔一〕降禍矣。」真君曰：「怪祟敢爾耶！」夜宿於逆旅，召風雷伐之，拔其林木。明日，告其里人曰：「妖社〔二〕已驅，毋用祭也。」今其地〔三〕有廢社，人不祭也。又見負擔遠汲者滿道，乃以杖刺社前涸澤，出泉以濟之，雖旱不竭。今大〔四〕澤村紫陽靖〔五〕石井也。明日，登山巔，指山腰之泉鑄曰：「是有異物藏焉，後將爲孽。」遂立壇靖以鎮之。今每歲朝諶姆，必憩於此，號「龍城觀」。乃渡小蜀江，今名「黃湖口」。抵江干〔六〕之肆。主人宋氏雖貧，而迎接甚敬。真君戲畫一松于其壁而去，其家即日市利加倍〔七〕。後江漲潰堤，市舍俱漂，唯松壁不壞。今名「松湖市」，宋氏見廟食于其地。

校注

〔一〕「怒」，原作「恕」，據修真本改。
〔二〕「社」，原作「祉」，據修真本改。
〔三〕「地」，原作「他」，據修真本改。
〔四〕「大」，原作「人」，據修真本改。
〔五〕「靖」，原作「清」，據修真本改。
〔六〕「干」，原作「宇」，據修真本改。
〔七〕「倍」，原作「俗」，據修真本改。

真君嘗煉神丹于艾城之黃龍山。山湫有蛟魅，護爲〔一〕淵藪，輒作洪水，欲漂丹室。真君遣神兵擒之，釘于石壁。今有釘蛟石猶在。丹成，祭于幕阜葛仙公石室。遂至修〔二〕川〔三〕，愛其湍急而味堅，乃取神劍磨於澗傍之石。今在修川梅山，後人於其處立觀以表聖迹，今號「旌陽觀」。

尋渡水，登秀峰，今號「旌陽山」。爲壇於峰頂，以醮謝聖帝，乃服仙丹。吴君居近焉，溪南有仙村曰「吴仙觀」，即吴真君故居也。遂造吴老之宅。過西安縣，今分寧也。縣社伯出謁。真君詰其地分有妖物爲民害者，其神匿之。真君行過一小廟，廟神其神姓毛，兄弟五人，今號「叶〔四〕佑廟」者，在縣東四百步。迎告曰：「此有蛟孽害民，知仙君來，故往鄂渚藏避矣，後將復還，願爲斯民除之。」真君如其言，躡迹追之。至鄂渚，路傍逢三老人，今三王廟是也。詢其蛟孽所在，皆指曰：「見伏於前橋下。」今號「伏龍橋」。真君至橋側，仗〔五〕劍叱之。蛟驚，奔入大江，匿于淵。今號「下龍穴」。乃勑吏兵驅之，蛟從上流奔出，遂誅之。今號「上龍口〔六〕」。真君怒〔七〕西安社伯之不職，錮其祠門，止民享祀，今分寧縣城隍廟正門常閉，開則〔八〕邑有火災。祝師止〔九〕從偏户出入。居民祭祀者亦少。令祀小廟。今封叶佑侯廟，食甚盛，亦多靈感。已而〔一〇〕還郡城，真君曰：「此地水陸衝要，人物繁夥，豈無分合得仙之人？」試以丹數粒雜他藥貨之，令其信緣而取。既而贖者雖多，竟無一人遇者。真君吁嘆，以世間仙〔一一〕才之難得也。

校　注

〔一〕「爲」，修真本作「衛」。

〔二〕「修」，修真本作「脩」。下同。

〔三〕「川」，修真本誤作「州」。

〔四〕「叶」，化録作「協」。下同。

〔五〕「仗」，原作「杖」，據修真本改。

〔六〕「口」，化録亦作「口」，修真本誤作「江」。

〔七〕「怒」，原作「恕」，據修真本改。

〔八〕「則」，化録亦作則，修真本誤作「側門」。

〔九〕「祝師止」，原作「況師正」，據修真本改。

〔一〇〕「而」，原作「二」，據修真本改。

〔一一〕「仙」，原作「泣」，據修真本改。

真君聞新吴有蛟爲孽，因持劍捕逐之。故所經由處曰「龍泉觀」，今改曰「仙遊」。蛟懼，竄入溪穴。至今號曰「藏溪」。真君乃以巨石書符，及作鎮蛟文以禁之。鎮蛟文石碣〔一〕尚存，今爲僧院，曰「延真」，傍建觀〔二〕，亦曰「延真」，在奉新縣西〔三〕四十里。時海昏之上遼有巨蛇，據山爲穴，吐氣成雲亘四十里，人畜在其氣中者即被吸吞，無得免者。江湖舟船亦遭覆溺，大爲民害。真君聞之，乃登北嶺之巔驗之，今赤烏觀之東曰「會仙峰」，即其處也。果見毒氣漲空。真君愍斯民之罹其害，乃集弟子，將往誅之。初入其界，遠近居民三百餘人知真君道法，競來告愬，求哀懇切。真君曰：「世運周流，當斯厄會，生民遭際，合受其灾。吾之此來，正爲是事，當爲汝曹除之。吾誓不與此蛇俱生也。」有頃，群弟子至，亦同勸請。真君曰：「須時至乃可。」於是卓劍于地，默禱于天。良久，飛泉湧出。俄有赤烏飛過，真君曰：「可矣。」其地爲候時觀，後改「赤烏觀」，今爲「壽聖」，又曰「廣福」。本朝道士万〔四〕中行有詩云：「昔有長蛇性毒威，旌陽曾此候誅夷。洞〔五〕中仙子方姑會，天上靈官爲報時。符使怒〔六〕飛陵谷口，劍星交下鬼神悲。一千年後幾興廢，可借陰功無盡期。」張天覺亦有卓劍泉詩，云：「卓劍遽成岩下井，待時遥動日中烏。海〔七〕昏妖孽今除盡，餘澤猶存七靖圖。」遂前至蛇所，仗劍布氣。蛇懼，入穴。乃飛符召海昏社伯驅之，不能出。復召南昌社公助之。其符落於縣東，因建觀，號「符落」，今名「太和」。蛇出穴，舉首高十餘丈，目若火炬，吐毒衝天。鄉民咸鼓譟相助。

校注

〔一〕「碣」，原作「[illegible]」，據修真本改。

〔二〕「覲」，原作「覯」，據修真本改。

〔三〕「西」，修真本闕。

〔四〕「爲壽聖又曰廣福本朝道士万」，化録同，修真本闕。

〔五〕「洞」，原作「同」，據修真本改。

〔六〕「怒」，修真本作「忽」。

〔七〕「海」，原作「侮」，據修真本改。

是時，真君嘯〔一〕命風雷，指呼神兵以攝服之，使不得動。吳君乃飛步踏〔二〕其首，以劍劈其顙，蛇始低伏。弟子施岑、甘戰等引劍揮之。蛇腹裂，有小蛇自腹中出，長數丈。甘君欲斬之，真君曰：「彼未爲害，不可妄〔三〕誅。」小蛇懼而奔行六七里，聞鼓噪聲，猶返聽而顧其母。今地名有蛇子港，十里許〔四〕。群弟子請追而戮之。真君曰：「此蛇五百年後若爲民害，吾當復出誅之〔五〕。以吾壇前松柏爲驗，其枝覆壇拂地，乃其時也。」又預讖云：「吾仙去後一千二百四十年間〔六〕，豫章之境，五陵之内，當出地仙八百人，其師出於豫章，大揚吾教。郡江心忽生沙洲，掩過井口者，是其時也。事見松沙記。豫章職〔七〕方乘云：龍沙在章江西岸，石頭之上，與郡城相對。潘清逸有望龍沙詩，云「五陵無限人，密視松沙記。龍沙雖未合，氣象已靈異。昔時蛟〔八〕龍遊，半作桑麻地。地形帶江轉，州浮有連勢」云〔九〕。此時小蛇若爲害，彼八百人自當誅之，苟無害於物〔一〇〕，亦不可誅也。」蛇子遂得入江。建昌縣蛇子港是。異處有廟〔一一〕，在新建縣吳城江〔一二〕，甚靈，本朝封「靈順昭應安濟惠澤王」，俗呼曰「小龍廟」。大蛇既死，其骨聚而成洲。今號「蛇〔一三〕骨洲」。

校注

〔一〕「嘯」，原作「肅」，據修真本改。

〔二〕「踏」，原作「路」，據修真本改。

〔三〕「妄」，原作「爲」，據修真本改。

〔四〕「許」，原作「所」，據修真本改。
〔五〕「之」，修真本闕。
〔六〕「間」，原作「問」，修真本同，據化録改。
〔七〕「職」，原作「我」，據修真本改。
〔八〕「蛟」，原闕，據修真本補。
〔九〕「云」，修真本無。
〔一〇〕「於物」，原書漫漶，據修真本補。
〔一一〕「廟」，原書漫漶，據修真本補。
〔一二〕「江」，原書漫漶，據修真本補，化録作「山」。
〔一三〕「蛇」，原作「即」，據修真本改，化録作「龍」。

真君於〔一〕海昏經行之處，皆留壇井，凡六處，通候時之地爲七，其勢布若斗星之狀，蓋以鎮弭後患。七靖者，謂進化靖、節奏靖〔二〕、丹符靖、華表靖、紫陽靖、霍陽靖、劉〔三〕真靖。今皆爲宫觀，或爲寺院、官舍〔四〕。復至邑之西北，見山泉清冽，乃投符其中，與民療疾，其效亦比〔五〕蜀江。今號「靈〔六〕水臺」。巨蟒既誅，妖血污劍，於是磨洗之，且削石以試其鋒。今建昌縣有磨劍地〔七〕、試劍石。告其徒曰：「大蛇雖滅，蛟精未誅。彼物通靈，必知吾有除害意，恐其伺隙潰郡城。吾歸郡乎，戰、岑二子者從我焉。」時永嘉六年也。真君道術高妙，著聞遠邇，求爲弟子者數百人，却之不可得，乃化炭爲美婦人，夜散群弟子處以試之。明旦，閱之。其不爲所染污者，唯十人耳，即異時上昇諸高弟也。自是凡周遊江湖，誅蛟斬蛇，無不從焉。餘多自愧而去。今建昌縣西津，名「炭婦市」，立觀曰「始〔八〕明」。

校注

〔一〕「於」，原作「入」，據修真本改。

〔二〕「節奏靖」，修真本闕，化録作「御奏靖」。

〔三〕「劉」，原作「刘」，修真本作「列」，據化録改。

〔四〕「舍」，化録下有「者有之矣」。

〔五〕「比」，原作「此」，據修真本改。

〔六〕「靈」，修真本同，化録作「泠」。

〔七〕「地」，修真本同，化録作「池」。

〔八〕「始」，原作「姓」，化録作「妙」，據修真本改。

真君乃與甘、施二君歸郡，周覽城邑。適有一少年，美風度，衣冠甚偉，通謁，自稱姓慎，禮貌勤恪，應對捷給。遽告去。真君謂弟子曰：「適者非人，老〔一〕蛟之精故來見試也。體貌雖是，而腥風襲人。吾故愚之，庶盡得其醜類耳。」迹其所之，乃在江滸，化爲黄牛，卧郡城沙磧之上。今名「黄牛洲」。真君乃剪紙化黑牛，往鬥之。令施岑潛持劍往，候其鬥酣，即揮之。施君一揮，中其股。牛奔入城南之井中。井名〔二〕「横泉」，今在上藍寺東南角，牆掩井口，故亦號「蛟井」。真君遣符吏尋其蹤，乃知直至長沙，於賈誼井中出，化爲人，即入賈玉史君之家。先是，蛟精嘗慕玉之女美，化爲一少年謁之。玉大愛其才，許妻以女。因厚賂玉之親信，皆稱譽焉，遂成婚。居數歲，生二子。嘗以春夏之交，孑然而出，周遊江湖，若營賈者。至秋，則乘巨舸重載而歸，所資皆宝貨，蓋乘春夏大水覆舟所獲也。是秋，徒還，紿〔三〕玉云：「財貨爲盜所劫，且傷左股。」玉舉家嘆惋，求醫療之。真君乃爲醫士，謁玉。玉喜，召其壻出求醫。蛟精覺之，懼不敢出。玉自起召之。真君隨至其堂，厲聲叱曰：「江湖蛟精，害物非一。吾尋蹤至此，豈容逃遁？速出！速出！」蛟精計窮，乃見本形，蜿蜒〔四〕堂下，爲吏兵所誅。真君以法水噀其二子，亦皆爲小蛟，併誅之。賈女亦幾變形，其父母爲哀求。真君給以神符，故得不變。真君謂玉曰：「蛟精所居，其下即水。今君舍下深不踰尺皆洪波也。可速徙居，毋自蹈禍。」玉舉家駭愓，遷居高原，其地不日陷爲淵潭，深不可測。今長沙昭潭是也。

校注

〔一〕「老」，原作「者」，修真本誤作「是」，據化録改。

〔二〕「名」，化録同，修真本誤作「中」。
〔三〕「紿」，原作「給」，據修真本改。
〔四〕「蜒」，原作「蜓」，據修真本改。

真君復還豫章，而蛟之餘黨甚盛，慮真君誅之，心不自安，乃化爲人，散遊城市，訪真君弟子，詭言曰：「僕家長安，積世崇善，遠聞賢師許君有神劍，願聞其功。」弟子語之曰：「吾師神劍指天天裂〔一〕，指地地坼，指星辰則失度，指江河則逆流，萬邪莫可當，神聖之寶也。」又曰：「抑有不能傷者乎？」弟子戲之曰：「惟不能傷冬瓜、葫芦耳。」蛟以爲誠然。繼而盡化其屬爲葫芦、冬瓜，連枝帶蔓，浮泛滿江，擬流出境。真君晨興，覺妖氛甚盛，乃顧江中，見蛟精所化，即以劍授施岑，使履水斬之。黨屬茹〔二〕連，悉無噍類，江流爲之變色。真君曰：「此地蛟螭所穴，不有以鎮之，後且復出爲患，人不能制也。」乃役鬼神於牙城南井，鑄鐵爲柱，出井外數尺，下施八索，鉤鎖地脉，今延〔三〕真宫是也。祝之曰：「鐵柱若亞，其妖再興，吾當復出。鐵柱若正，其妖永除。」由是水妖屏迹，城邑無虞。復慮後世姦雄妄作，故因鐵柱以爲讖記，有「地勝人心善，應不出姦雄。縱有興謀者，終須不到頭」之言。真君之慮後世也深有如此者。

校注

〔一〕「裂」，化録同，修真本誤作「烈」。

〔二〕「茹」，化録同，修真本誤作「如」。

〔三〕「延」，化録上有「鐵柱」二字。延真宫即鐵柱延真宫，據清光緒四年鐵柱宫刊本逍遥山萬壽宫志，唐咸通中額「鐵柱觀」，北宋大中祥符二年賜「景德觀」，北宋政和八年改「延真觀」，南宋嘉定間御書額「鐵柱延真之宫」，明嘉靖間賜「妙濟萬壽宫」，故又稱「鐵柱萬壽宫」，舊在南昌廣潤門内，累遭兵燬，今已不存。

次年，真君以蛟蜃之屬有散入鄱陽、潯陽界者，慮其復還，乃周行江湖以殄滅之。至岧嶢〔一〕山頂，有蛟湖三所，其孔穴透大江，通饒、信。真君誅其蛟魅，立玉陽府靖以鎮之。其西北石壁下灣，立開化靖以鎮之。更立大城府靖。靖傍有大潭，深〔二〕不可測〔三〕，且多蛟螭，真君尽滅〔四〕之。唯一蛟子迸走，故立此靖，以斷絶之。又鑄鐵符，鎮鄱陽湖口，杜其所入之路。今在湖口縣，上〔五〕鐘〔六〕石之江中。鑄〔七〕鐵盖，覆廬陵元潭，制其所藏之藪，仍以鐵符鎮之，今號「飛符嶺」，有觀，號「崇真」。留一劍在焉。其劍長尺有咫〔八〕，似玉石，又似銅鐵，人不可〔九〕識。明年，永嘉七年也。復遊長沙，遂至昭陽。又明年，至郴、衡諸郡。所至皆爲民馘毒除害。乃還豫章。前後凡立府靖七十餘所，皆所以鎮郡邑、辟凶灾也。

校注

〔一〕「堯」，原作「尭」，據修真本改。
〔二〕「深」，原空一格，據修真本補。
〔三〕「測」，原作「側」，據修真本改。
〔四〕「滅」，原作「威」，據修真本改。
〔五〕「上」，原作「由」，修真本作「止」，據化録改。
〔六〕「鐘」，原作「鍾」，據修真本改。
〔七〕「鑄」，修真本闕。
〔八〕「尺有咫」，化録同，修真本作「咫尺有」。
〔九〕「可」，原作「取」，據修真本改。

明帝太寧二年，大將軍王敦字處仲。舉兵内向，次于〔一〕湖。真君與吴君同往上謁，冀說止之。時郭璞先在幕〔二〕府，乃因璞與俱見。處仲喜延之，飲而問曰：「予夢以一木破天。君等以爲如何？」真君曰：「非佳兆也。」吴君曰：「木上破天，未字也。公其未可妄動。」處仲色變，令璞筮之。璞曰：「無成。」處仲不悦，曰：「予壽幾何？」璞曰：「公若舉事，禍將不久。若還武昌，則壽未可量也。」處仲怒曰：「君壽幾何？」璞曰：「壽盡今日日中。」處仲大怒，令武士擒璞，斬〔三〕之。洞仙傳云：「璞已預報家人備送終之具〔四〕在行刑之所，命即窆於江側〔五〕兩松間。後三日，南州市人見璞貨其服飾，徧與相識共語。處仲聞之，不信，開棺，無屍。乃尸〔六〕解〔七〕也，今爲水府〔八〕仙伯。」真君乃舉杯擲起，化爲白鴿，飛繞梁棟。處仲一舉目，已失二〔九〕君所在。處仲竟敗。處仲兵敗，遂惋憤〔一〇〕而死，卒有踞〔一一〕屍之刑。

校注

〔一〕「于」，該字下衍一「于」字，修真本同，據化録刪。
〔二〕「幕」，原作「慕」，據修真本改。
〔三〕「斬」，原書漫漶，據修真本補。
〔四〕「具」，原作「其」，據修真本改。
〔五〕「側」，原書漫漶，據修真本補。
〔六〕「尸」，化録同，修真本作「兵」。
〔七〕「解」，原空一格，據修真本補。
〔八〕「府」，化録同，修真本誤作「南」。
〔九〕「二」，原作「三」，據修真本改。
〔一〇〕「惋憤」，原空二格，據修真本補。
〔一一〕「踞」，原空一格，據修真本補。

二君還至金陵，欲賃舟至豫章，而船主告以乏操舟者。真君曰：「爾等但瞑目安坐，切毋覘視。吾自爲爾駕之。」乃召二龍挾舟而行。經池陽，以印印西岸之崖壁，以辟水怪。今印文猶〔一〕在。舟漸凌空，俄過庐山頂，至紫霄峰金闕洞，二君欲遊洞中，故其舟稍低，抹林梢〔二〕戛戛有聲。舟人不能忍，乃竊窺之。龍即捨舟於層岫之上，折〔三〕桅於深澗之下。後皆爲鐵石，今號「鐵船峰」。并桅在澗〔四〕中，爲斷石也。真君謂舟人曰：「汝不聽吾言，將何所歸乎？」舟人拜求濟度，真君教以服餌靈草〔五〕，遂得辟穀不死，盡隱於此山。後桓〔六〕伊刺〔七〕江州，遣人訪〔八〕庐山異迹。至紫霄峰，見〔九〕湖中有舟，及群鶴、赤鱗〔一〇〕魚，騎〔一一〕白馬〔一二〕二少年長嘯〔一三〕，聲聞〔一四〕數百步〔一五〕，疑是舟人輩。二君乃各乘一龍，分水陸還會於北嶺之天寶洞。遂歸舊隱，日〔一六〕與弟子講究真詮。數十年間，不復以時事關意，惟精修至道。作醉思仙之詞，及著八寶垂訓，曰：「忠、孝、廉、謹、寬、裕、容、忍。忠則不欺，孝則不悖，廉而罔貪，謹而勿失；修身如此，可以成德。寬則得衆，裕然有餘，容而翕受，忍則安舒；接人以禮，怨咎滌除。凡我法子，動静勤篤，念兹在兹，當守其獨；有爽厥心，三官考戮。」鄉黨化之，皆遷善遠罪，孝弟興行。平時出處，隨機應物，不異常人；但所居之處，鳴鶴飛翔，景雲旋遶而已。自東晉亂離，江左頻擾，真君所居環百餘里盜賊不入，閭里晏安，年穀屢登，人無灾害。其福被生靈，人莫知其所以然也。

校注

〔一〕「猶」，原空一格，據修真本補。
〔二〕「梢」，原作「捎」，據修真本改。
〔三〕「折」，修真本作「拆」。
〔四〕「桅在澗」，原作「跪在間」，據修真本改。
〔五〕「草」，原作「章」，據修真本改。
〔六〕「桓」，原作「但」，據修真本改。
〔七〕「刺」，原空一格，據修真本補。
〔八〕「州遣人訪」，原空格，據修真本補。
〔九〕「見」，原空一格，據修真本補。
〔一〇〕「舟及群鶴赤鱗」，原空格，據修真本補。
〔一一〕「騎」，原空一格，據修真本補。
〔一二〕「馬」，原空一格，據修真本補。
〔一三〕「嘯」，原空一格，據修真本補。
〔一四〕「聞」，化録同，修真本闕。
〔一五〕「步」，修真本下有「外」。
〔一六〕「日」，原作「口」，據修真本改。

至孝武帝寧康二年甲戌，真君年一百三十六歲，八月朔旦，有雲仗自天而下，二仙乘輦，導從甚都，降于真君之庭。真君降階迎拜，二仙曰：「奉玉皇命，賜子詔。」真君俯伏以聽。乃宣詔曰：「上詔學仙童子許遜：卿在多劫之前，積修至道，勤苦備悉，經〔一〕緯愈深，萬法千門，罔不師歷；救灾拔難，除害蠲妖，功濟生靈，名高玉籍；衆真推仰，宜有甄昇。可授九州都仙太史兼高明大使，賜紫綵羽袍，瓊旌寶節，玉膏、金丹各一合。詔至奉行。」真君再拜，登階受詔。一仙曰：「余乃玉真上公崔子文。」一仙曰：「余乃元真太〔二〕卿瑕丘仲。」言畢，揖〔三〕真君坐，告以沖〔四〕舉之日，遂乘雲車而去。真君乃召門弟子與鄉曲耆老，諭以行期。自此朝夕會于真君之第，日設宴飲，共叙惜別，且教以行善立功以致神仙之旨。著靈劍子等書。又與十一弟子各爲五言二韻勸誡詩十首以遺世。及以大功如意丹方傳衆弟子之不與上昇者。此方即丁義神方中一也，其訣必先擇日齋戒，設位醮十八種藥之神，然後書符，逐味誦呪而修合之。其治衆疾如意而愈。

校注

〔一〕「經」，該字下原衍「傳」，據修真本刪。

〔二〕「太」，原作「天」，據修真本改。

〔三〕「揖」，原作「楫」，據修真本改。

〔四〕「沖」，原作「仲」，據修真本改。

是月望日，大營齋會，徧召里人，長少畢集。至日中，遥聞音樂之聲，祥雲彌望，須臾漸至會所，羽蓋龍車，從官兵衛，仙童綵女前後導從，紅霞紫氣舒布環〔一〕遶。前二詔使又至，真君降階拜迎。二仙復宣詔曰：「上詔學仙童子許遜：脱子前世貪殺，匿不祀先祖之罪；録子今生咒水行符治病，罰惡馘毒之功。已仰潛山司命官傳金丹於下界，閉蹟〔二〕封形，迴子身及家口厨宅，百好歸三天。子急浄穢，背土凌空。左大力天丁與流金火鈴，照辟中黄，無或散慢。告行。仍封遠祖由玉虚僕射，曾祖〔三〕琰太微兵衛大夫，先祖玉太極把業録籍典者，父肅中嶽仙官。賜所居宅曰仙曹左府。」玉真上公曰：「卿門弟子雖衆，唯六人合從行，餘各自〔四〕有超舉之日，不得偕往也。」乃揖真君昇龍車，命陳勳、時荷持册前導，周廣、曾亨驂御，黄仁覽與其父族侍從，盱烈與母部從仙眷，四十二口同時昇舉，雞犬亦隨逐飛騰。里人攀恋投地，悲號不忍別。真君曰：「仙凡路殊，悲歡自切。執奉孝慈，恭順天地，何患無報耶？」乃留下修行鐘〔五〕一口，并一石函，謂之曰：「世變時遷，即爲陳迹矣。聊以此爲異時之記。」有僕許大者，與其妻市米于西嶺，聞真君將飛昇，即奔馳而歸，倉忙車覆，遺米于地，米皆復生。今地名爲「覆車崗」、「生米鎮」。比至，哀泣求從行。真君以其分未應仙，乃授以地仙之術。夫婦皆隱于西山。其詳見後〔六〕于仙姓〔七〕録。仙仗既舉〔八〕，有頃，墜下藥臼、車〔九〕轂各一；又墜一雞籠于宅之東南十里餘；舊名「雞栖靖」，今名「崇元觀」。并鼠數枚墮地，雖拖腸而不死，意其嘗得竊食仙藥也，後人或有見之者，必爲瑞應焉。仙駕凌空向遠，望之不可見，唯祥雲綵霞瀰漫山谷，百里之内，異香紛馥，經月不散。

校注

〔一〕「環」，原作「還」，據修真本改。

〔二〕「蹟」，原作「債」，據修真本改。

〔三〕「祖」，原作「視」，據修真本改。

〔四〕「自」，原作「日」，據修真本改。

〔五〕「鐘」，原作「鍾」，據修真本改。

〔六〕「後」，修真本無。

〔七〕「仙姓」，原作「先性」，據修真本改。

〔八〕「舉」，原作「學」，據修真本改。

〔九〕「車」，原作「卑」，據修真本改。

初，真君迴自旌陽，奉蜀錦爲傳道質信於諶姆，姆〔一〕製以爲殿帷。至是，忽飛來，周遊旋遶於故宅之上，竟日〔二〕，復飛入雲霄。後置觀，故以「游帷」爲名〔三〕。

校注

〔一〕「姆」，原作「紅」，據修真本改。

〔二〕「日」，修真本作「入」，化録作「而」。

〔三〕「名」，原作「谷」，據修真本改。

初，真君與郭璞尋真選勝，至宜春棲梧山，王長史之子朔迎真君居西亭。久之，謂朔曰：「吾視子可傳吾術。」乃密授仙方。復云：「此居山川秀麗，兼有靈泉出於道南，前對洞天，俯臨袁水，宜爲道院。」朔從之。真君乃書一□天篆「靖」字也。字于壁而去。飛昇之日，雲輧過其上，遣二青衣下，告朔以「被玉皇詔命，因來別子」。朔泊闔家瞻拜祈度〔一〕。真君俯告曰：「子輩仙骨未充，但可延年。」乃飛仙茆一根授朔，曰：「此茅味異，植於茲地，久服長生。甘能養肉，辛能養節，苦能養氣，鹹能養骨，滑能養膚，酸能養筋，宜和苦酒服之，必效。」言訖而別。自後王〔二〕族如言服餌，各壽百齡焉。今臨江軍玉虛觀即其地〔三〕，仙茆存焉。真君所從游者三百餘人，其功行無出者，通吴君十有一人。

校注

〔一〕「度」，原作「慶」，據修真本改。

〔二〕「王」，原作「工」，據修真本改。

〔三〕「地」，原作「池」，據修真本改。

（以上出新刊瓊琯白先生玉隆集卷三）

續真君傳

真君飛昇之後，里人與真君之族孫簡就其地立祠，以所遺詩一百二十首寫竹簡之上，載之巨篇，令人探取以決休咎，名曰「聖籤」。其鐘〔一〕、車、函、臼並寶藏于祠。後改祠爲觀，因錦帷以命名，曰「遊帷」。蜀旌陽之民競賫金帛、負磚甓來，甃壇井以報德，各鐫姓名其上。蜀民磚〔二〕，緣改宮修蓋始撤〔三〕去之，今間有存。隋煬帝時，焚修中輟，觀亦尋廢。至唐永淳中，天師胡惠超重興建之，明皇尤加賫奉。本朝太宗、真宗、仁宗皆賜御書。真宗又遣中使賜香燭、花幡、旌節、舞偶，改賜額曰「玉隆」，取度人經「太釋玉隆騰勝天」之義也。仍禁名山樵採，蠲租賦之役〔四〕。復置官提舉，爲優異老臣之地。徽宗皇帝降玉册，上尊號。

醮告詞文：

維政和二年太歲壬辰五月丁巳朔十七日癸酉，皇帝御名謹遣入內內侍省內殿程奇請道士三七人，於洪州玉隆觀建道場七晝夜，罷散日設醮一座，三百六十分位，上啓神功妙濟真君：伏以至神無像，雖莫能名，成德在人。姑從所示，式褒顯蹟，肇薦徽稱，冀享褒崇，永綏福地。御名無任誠惶誠恐，懇禱之至。謹詞。

御降真君册誥表文：

臣御名祇奉高真，肇揚顯蹟。仰太霄之在望，祓〔五〕靈宇以申虔。美利所加，既作黎民之福；純熙來被，更延景曆之昌。臣御名〔六〕無任精虔激切之至，謹奉表奏告〔七〕以聞。臣御名誠惶誠恐，稽首頓首。謹言。

玉册文曰：

維政和二年歲次壬辰五月丁巳朔十七日癸酉，皇帝再拜，言曰：天眷用懋，寵綏四方。爰有至真，克相上帝，烜威赫德，錫羡降康，而名號弗宣，曷彰報典？迺詔有司考循祕牒，發揮遺懿，垂示無窮。恭惟真君躬握元圖，密庸妙契，繇魏迄晉，嗣休炳靈。賑乏蠲痾，一方攸賴，剪妖馘毒，三氣獲分。肆膺諶母〔八〕之符，榮啓都仙之籍。超昇璇〔九〕極，載祀緬〔一〇〕邈，廟像屹崇，風烈如在。矧炎暉之有赫，方皇運之郅〔一一〕隆。荐降嘉祥，聿彰幽贊，禬禳響答，民物阜寧。宜極徽稱，以昭嚴奉。謹遣朝奉大夫、充集賢殿修撰、知洪州軍州管幹學事、兼管内勸農使、充江南西路兵馬鈐轄、護軍、賜紫金魚袋王旉〔一二〕上尊號，曰「神功妙濟真君」。洪惟降鑒，誕受丕章，佑我無疆，保玆景命。俾緝熙於純嘏，用敷錫於群倫。謹言。

校注

〔一〕「鐘」，原作「鍾」，據修真本改。
〔二〕「磚」，原作「傳」，據修真本改。
〔三〕「撤」，原作「徹」，據修真本改。
〔四〕「役」，原作「敷」，據修真本改。
〔五〕「袚」，原作「柭」，據修真本改。
〔六〕「御名」，原闕，修真本同，據化録補。
〔七〕「告」，修真本闕。
〔八〕「母」，修真本作「姆」。
〔九〕「璇」，化録同，修真本作「旋」。
〔一〇〕「緬」，化録同，修真本作「棉」。
〔一一〕「郅」，化録同，修真本作「正」。
〔一二〕「旉」，原作「勇」，修真本同，據化録改。

政和六年，改觀爲宫，仍加「萬壽」二字，除甲乙爲十方。六年五月一日辰時，御前降到「荀」字號不下司文字：

付禮部。朕因看書于崇政殿，恍然似夢，見東華門北有一〔一〕道士，戴九華冠，披絳章服；左右童子持劍、紼，皆衣青；後有二使者綵衣道裝，捧印、杖，前至丹墀，起簡揖朕，攀左龍尾上殿。朕疑非人間道士，因問：「卿是何人？不詔而至。」道士對曰：「吾爲許旌陽，權掌九天司職。上帝詔往按察西瞿〔二〕耶國，經由故國，觀見〔三〕妖氣，故來相訪。」朕請坐而問曰：「此患爲何？」答曰：「湖南、湖北三十六萬絹綱入水。此實小龍爲害。蓋先朝不合〔四〕封此子爲王。當永嘉之戮，自拆母腹而奔走，未及害人，因而赦之。今乃輒爲國家之患。俟吾還，當有處分，不令住於江、淮間矣。」朕〔五〕夢中謝之，復問曰：「朕患安息瘡，諸藥不能愈。真君有藥否？」即取小瓢子，傾藥一粒，如緑豆大，呵呪，抹於瘡上，覺如流酥灌體，入骨清涼。遂揖而去。行數步，復回顧曰：「吾弊舍久已寥落，願聖皇舉眼一看爲幸。」朕豁然而覺。不數日，有司奏到，果然絹綱盡數被風濤覆没。即取圖經考之，見洪州分寧縣梅山有許氏〔六〕陽磨劍之地。詔畫像如夢中所見者，賜上清儲祥宫。

尋依道録院奏請，於三清殿後，造許真君行宫。再降手詔，命中大夫謝景仁下分寧縣，同令佐以係省官錢新换氏〔七〕陽觀，仍賜詔書一道，前去本觀收掌。遇天寧節，即撥放童行一人。仍命採訪許真君别有遺迹去處，如未有觀，即勒本屬取官錢建造；如有宫觀，屋宇損壞，即如法修换；無常住，即撥近便僧寺堪好莊田入觀供辦，務令嚴謹主者施行。

數月後，復夢真君回，如初，謝上曰：「分寧乃昔經行之處，重勞建造。吾卜地西山，遺迹具存，但居宇隘陋，不足副西〔八〕京瞻視，幸陛下一修整之耳。」上寤，即詔洪州改修玉隆萬壽宫。仍降圖本，依西京崇福宫例，鼎新盖造。賜真君像一軀，及銅鑄香鑪、花瓶、燭臺、鐘〔九〕磬之具，御書門殿二額。凡爲大殿六，小殿十二，三廊，七門，五閣。前殿三面壁繪真君出處功行之迹；後殿奉安玉册，其上建閣，寳藏三詔御書；兩廡複壁繪仙仗出入之儀；環以牆垣。由牆之西，盱真人之故居建道院，以安道衆。

校注

〔一〕「一」，原空一格，據修真本補。
〔二〕「瞿」，原作「懼」，據修真本改。
〔三〕「見」，化録同，修真本作「其」。
〔四〕「合」，化録同，修真本闕。
〔五〕「朕」，原作「服」，據修真本改。
〔六〕「氏」，修真本作「旌」。
〔七〕「氏」，修真本作「旌」。
〔八〕「西」，原作「四」，據修真本改。
〔九〕「鐘」，原作「鍾」，據修真本改。

建〔一〕炎中，金人寇江左〔二〕，欲火宫庭。俄而水自楹桷間出，火不能爇。虜酋大驚，乃書壁云：「金國龍虎上將軍來獻忠，被授元帥府上畔都統，大軍屆兹，遍觀聖像，裝〔三〕嚴華麗，不敢焚毁。時天會八年正月初二日記。主觀想知悉。」寫畢，戢兵而去。此壁近頹，方漫〔四〕其字。紹興二十八年，賜御書十軸，令寶之，以鎮福庭焉。

校注

〔一〕「建」，該字上原空一格。
〔二〕「左」，化録同，修真本作「右」。
〔三〕「裝」，化録同，修真本作「莊」。
〔四〕「漫」，原作「慢」，據化録改。

凡真君之所遺物，皆有神物守護，不可觸犯。殿前手〔一〕植柏，其榮悴常兆宫之盛衰，剪以煎湯，無疾不療。丹井舊有神龍出没，胡洞真始置符石以鎮之。鐵柱，唐嚴譔作州牧，心頗不信，嘗令發掘，俄迅雷烈風，江波泛溢，城郭震動。譔懼，叩頭悔謝，久之而後止。又强取真君修行鐘〔二〕，置之僧寺，擊之，聲啞如土木，疑道流以術禁之，遂加囚繫〔三〕，欲置於刑。譔忽坐寐，爲神人叱責，將斷其首，驚覺，遂釋道流，送鐘還宫。至五季乱，一夕飛去，莫知所之。車轂，州牧徐登欲見之，令取至府，猶未及觀，即夕飛還，皇朝猶在，金人入寇，尋失之。石函，雖有竅縫，而不可開。唐張善安竊據洪州，強鑿開之。其蓋内丹書字云：「五百年後，狂賊張善安開之。」善安懼，磨洗其字，終不能滅，遂藏其盖，止〔四〕留函底。今與藥臼皆存焉。三朝宸翰及真君玉册，金人入寇之後，不知所存焉。

真君垂迹，遍於江左、湖南北之境，因而爲觀府、爲壇靖者，不可勝計。或散在山林湖濼，絶有異處。如龍沙側之磨劍池，池上沙壁立，略不湮塞。新建縣之嘆旱〔五〕湖，水蛭至多，以粒藥投之，其蛭永絶，至今名「藥湖」。松湖市之旅邸，真君嘗少憩，至今其家無蚊蚋。豐城縣之杪針洞，蛟入其中，以杉木楔之，至今不朽。奉新縣之藏溪，蛟藏其中，以劍劈裂溪傍巨石，書符以鎮。今鎮蛟石碣尚存。靖安縣有劉仙姑，名懿真，年數百歲，貌若童子，諶姆嘗稱之，真君往見，則已飛昇矣。遂留寶木華車遺之，車因風飄舉，三日而下，因名其觀曰「華車觀」，碑碣猶在，今號「棲霞觀」。此類莫克殫舉。

校注

〔一〕「手」，修真本作「守」。

〔二〕「鐘」，原作「鍾」，據修真本改。下同。

〔三〕「繫」，原作「擊」，修真本同，據化録改。

〔四〕「止」，原作「上」，據修真本改。

〔五〕「旱」，原作「早」，據修真本改。

每歲季夏，諸卿士庶各備香花、鼓樂、旗幟，就寢殿迎請真君小塑像幸其鄉社〔一〕，隨願祈禳，以蠲除旱蝗。先期數日，率衆社首以瓜果酌獻于前殿，名曰「割瓜」，預告迎請之期也。真君之像凡六，唯前殿與寢殿未嘗動，餘皆隨意迎請。六旬之間，迎請周徧。洪、瑞之境，八十一鄉之人，乃同詣宫醮謝，曰「黄中齋」。黄中儀式，真君所流傳也。七月二十八日，仙駕登宫左之五龍崗，禁辟蛇虎，自古以然，謂之「禁壇」。故遠近祈禳之人晝夜往還，絶無蛇虎之患。仲秋，號「浄月」，自朔旦開宫，受四方行香、禱賽、薦獻。先自州府始。州府具香燭、酒幣、詞疏〔二〕，遣衙吏馳獻。遠邇之人，扶老攜幼〔三〕，肩輿乘騎，肩摩于路。且有商賈百貨之射利，奇能異伎之逞巧，以至茶坊、酒壚、食肆、旅邸相續於十餘里之間，駢於闤市，終月乃已。

常以浄月之三日，仙仗往黄堂觀謁諶姆。前一夕，降殿，宿齋南廡。次日昧爽，啓行，少息于憩真靖，晚宿紫陽靖。次日早，登龍城壇，渡小蜀江。初，真君尋飛茆時，嘗渡此江，以錢二百勞舟人。舟人請益不已，欲需一千。真君從之。既登岸，舟人持錢歸，二鐶耳，餘皆楮鏹，始驚訝，知其神人。至今仙駕經由，舟人止覓二鐶，不敢過求〔四〕也。臨午，至黄堂，朝謁諶姆。鄉之善士咸集，陳宴享之禮。明日，復留終日。初六日早，由西路以還宫中。

每以中秋日修慶上昇齋。先一日，建醮。次日，黄君來覲〔五〕。黄君，真君之壻也。其行多由間道。明旦，未至宮五里，曰「候〔六〕陂」，有亭曰「著衣觀」，黄君更衣之所也。宮中具威儀迎入端門。舊有門，對正殿，曰「黄閣門」也。初朝于〔七〕前殿，分賓主禮。次日，享禮畢，降殿，憩于西廡，俟暮，西還。而宮東之市肆商賈、居民，必固邀遊街以求利市，競争牽挽，幾至龍崗橋乃回。俗云：「姑丈所至，則利市、依〔八〕合。」每試有驗故也。

校注

〔一〕「社」，原作「吐」，據修真本改。

〔二〕「疏」，原作「流」，據修真本改。

〔三〕「幼」，原作「幻」，據修真本改。下同。

〔四〕「求」，原作「永」，據修真本改。

〔五〕「覲」，原作「觀」，據修真本改。

〔六〕「候」，修真本作「侯」。

〔七〕「于」，原作「千」，據修真本改。

〔八〕「依」，修真本同，化録作「和」，似是。

每三歲上元後一日，真君仙仗往瑞陽，存問黄君，曰「西撫」。上元日禺中，先迎置前殿，陳齋羞三獻之禮，詰〔一〕朝乃行。初出東門，即南過望仙橋，經茂埇入黃姑巷。次至安里，迂入元都壇少憩。壇在廟側，舊有觀，今廢〔二〕。次登師姑嶺，入元仙靖。尋出驛路，再迂入小路，二里許，至朱塘觀供。近〔三〕地有養鴉〔四〕童子墓，舊名「生塘〔五〕觀」。復出大路，至暗山頭，遂至三十里鋪，此地〔六〕凡七供。從者午食。乃度九崗、九滔，過龍陂橋，抵祥符。屬高安縣〔七〕，舊名「祈仙觀」。瑞人多出城迎謁，號曰「接仙」。真君降輿，與黃君宴於前殿。十七日，復受享禮。主首侍從仙駕者，乃詣從〔八〕殿，酌獻于許氏仙姑。自淳熙戊〔九〕申歲始也。次日，未五鼓而返。此一處凡六供。士庶焚香迎謁者以千數。凡所經由，聚落人民，男女長幼，動數百人，焚香作禮，化錢設供，至有〔一〇〕感激悲號者。

校注

〔一〕「詰」，原作「誥」，據修真本改。

〔二〕「廢」，原空格，據修真本補。

〔三〕「近」，修真本作「此」。

〔四〕「鴉」，修真本作「顏」，化録作「鴨」。

〔五〕「生塘」，修真本作「朱碧」，化録作「朱塘」。

〔六〕「地」，原作「有」，據修真本改。

〔七〕「安縣」，原作「爰歸」，據修真本改。
〔八〕「從」，修真本、化録作「後」。
〔九〕「戍」，原作「伐」，據修真本改。
〔一〇〕「有」，原作「存」，據修真本改。

每仙駕出入，主首必再拜送迎於大門之外。至於南朝、西撫及州府迎請祈求，必主首從行焉。真君乘龕輦，白馬、金鳳爲前導。世傳，昔〔一〕有白馬之神，廟食于真君宅東半里，今號「白馬塘」。真君得道，願充前驅也。金鳳，意其朱雀導前之義，或置於龕輦之頂〔二〕，正合上有朱雀之義。而世傳以應母之祥，恐未必焉〔三〕。肩輿之人調古歌一闋，齊聲唱和，歌名黄鶴樓。有著高冠綵帕者數對，冠名「綵樓」。二者甚古怪，蓋晉代之禮也。綵樓高二尺許，上大下細〔四〕，竹胎〔五〕，綵帛結〔六〕綵〔七〕，戴於首，以帶〔八〕縣〔九〕額〔一〇〕下。唐道士熊景休詩云：「世事已歸唐曆〔一一〕數，仙歌猶〔一二〕是晉鄉風。」雖唐人且怪之。蓋其歌調雖〔一三〕在，而其詞久〔一四〕亡。守灝〔一五〕今作三章以補之。其一〔一六〕曰：「真君功行滿三千，帝詔凌空度九天。雞犬也隨仙眷去，至今聖迹尚依然。」其二曰：「真君捨我甫〔一七〕千齡，晨夕焚香叩杳冥。惟〔一八〕願慈悲恩〔一九〕下土，乞將多福佑生靈〔二〇〕。」其三曰：「道師諶姆住州陽，一葉飛茆著處香。仙駕不忘當日約，年年一度謁黄〔二一〕堂」。所由之路，横斜曲直，遵于古，不可少易；易之，則有咎。每仙駕將出，地分之人競先闢舊逕，立表以指其處，蓋非衆人所常行之路也。舊記云：「昔愛女所行，真君躡蹤而往。至黄君家，爲留信宿，乃由通道而歸。」其尋飛茆，亦多委曲尋訪。故今南朝、西撫〔二二〕並襲前迹所過之地。龕有輕重、遲速、安危、晴雨之占：肩輕、步速、安穩、清明，爲地分之福；肩重、步遲、失撲、陰雨，爲地分之灾。福則歲稔人安，灾則人傷物厲。唯西撫之行，往欲雨寒，還欲晴暖，反是亦灾。仙駕每行，必衝早涉暝，履茆茨荆棘之地。部從社〔二三〕賽之人，動逾數百，然從古未聞有傷其足者。唯忌人畜生死厭穢。凡香錢、服用、飲食、坐卧，皆須避之。否，則〔二四〕立有卒暴之禍，後有迍蹇之灾，皆前人所傳，而今人所見之明驗也。

校注

〔一〕「昔」，原作「之」，據修真本改。
〔二〕「頂」，原作「項」，據修真本改。
〔三〕「焉」，修真本無。
〔四〕「細」，原作「終」，修真本作「尖」，據化録改。
〔五〕「胎」，原作「治」，修真本同，據化録改。
〔六〕「結」，原作「綵」，據修真本改。
〔七〕「綵」，化録作「絡」。
〔八〕「帶」，修真本作「帛」。
〔九〕「縣」，原空一格，化録作「繋」，據修真本補。
〔一〇〕「額」，化録作「頷」。

〔一一〕「曆」，原空一格，據修真本補。
〔一二〕「猶」，原空一格，據修真本補。
〔一三〕「怪之蓋其歌調雖」，原空格，據修真本補。
〔一四〕「久」，原空一格，據修真本補。
〔一五〕「守灝」，即謝守灝，傳見歷世真仙體道通鑑卷五，曾於南宋淳熙十三年、紹熙四年兩度住持西山玉隆萬壽宮。
〔一六〕「一」，原空一格，據修真本補。
〔一七〕「甫」，原作「俯」，據修真本改。
〔一八〕「惟」，原作「唯」，據修真本改。
〔一九〕「恩」，原作「思」，據修真本改。
〔二〇〕「靈」，原作「虛」，據修真本改。
〔二一〕「黃」，原作「須」，據修真本改。
〔二二〕「撫」，原作「廡」，據修真本改。
〔二三〕「社」，原空一格，據修真本補。
〔二四〕「則」，原作「用」，據修真本改。

（以上出新刊瓊琯白先生玉隆集卷四）

逍遥山群仙傳

吴　君

吴君名猛，字世雲，濮陽人，仕吴爲西安令，因家焉。今分寧縣是也。性至孝，齠齔時，夏月手不驅蚊，懼其去己而嚙親也。年四十，得至人丁義神方。繼師南海太守鮑靚，復〔一〕得祕法。吴黄龍中，天降白雲符授之，遂以道術大行於吴、晉之間。晉武帝時，真君從世雲傳法，世雲盡以祕要授之。永嘉末，杜弢寇蜀，攻陷州縣。真君既誅大蛇，世雲曰：「蛇是蜀精。蛇死則杜弢滅矣。」卒如其言。嘗見暴風大作，書符擲屋上，有青鳥啣去，風即隨止。或問其故，答曰：「南湖有舟遇此風，中有二〔二〕道士呼天求救，故以此止之。」驗之，果然。西安令干〔三〕慶死已三日，世雲曰：「令長數未盡，當爲訟之于天。」遂卧於屍傍。數日，與慶俱起。慶弟著作郎寶，感其異，遂作搜神記，行於世。嘗渡豫章江，值風濤乏舟，世雲以所執白羽扇畫水而渡，觀者駭異。寧康二年，真君上昇，世雲復還西安。是年十月十五日，上帝命真人周廣捧詔召世雲，遂乘白鹿車，與弟子四人，白晝沖昇〔四〕。宅號「紫雲府」。今分寧縣吴仙村西平靖吴仙觀是也。政和二年五月，准誥封爲真人。詞曰：

洪都福地，紫府列真。既靈異之有聞，豈褒崇之可後？以爾早學至道，嘗悟祕言。道化施行，世稱慈父。功行甫就，飛昇帝鄉。大江之西，尚存故宅。凡禱輒應，吾民是依。錫之新封，用彰厥懿。朕命惟允，其鑒于兹。可特封神烈真人。

校注

〔一〕「復」，原作「後」，據修真本改。

〔二〕「二」，原作「一」，據修真本改。

〔三〕「干」，原作「于」，修真本同，據化録改。

〔四〕據明正統道藏本仙苑編珠卷下引十二真君傳，吴猛於「晉永嘉三年九月十五日，乘白鹿，與弟子四人，一時昇天」。

蜀川陳勳、廬陵周廣乃世族儒生

勳，字孝舉，博學洽聞。時魏遺鍾〔一〕會、鄧艾伐蜀，劉禪降。孝舉時尚少，已有出塵之志。入青城山，師谷元子，求度世之法。繼聞真君在旌陽，仁政及民，走謁公庭，願充書吏。真君嘉之，付以吏職。凡表率輩流，設〔二〕化民俗，撫字之術，裨益爲多。遂引爲門弟子，而托以腹心，典司經籍，守視藥炉。真君沖翥，命執策導前焉。昔玉隆宫西廡有孝舉道院，號「承仙府」。手植巨柏一株，其院面柏而居。政和二年，誥封「正特真人」，其詞略曰：以爾蚤以誠慤，師事道君。門人之中，獨掌祕奥〔三〕。功行甫就，執幢〔四〕而昇。

大江之西，儼有遺像。首尾同吳君誥〔五〕。

校注

〔一〕「鍾」，修真本作「鐘」。

〔二〕「設」，修真本作「説」。

〔三〕「祕奥」，修真本作「奥典」。

〔四〕「幢」，原作「憧」，據修真本改。

〔五〕「首尾同吳君誥」，修真本作「凡禱輒應，吾民是依。錫之新封，用彰厥懿。朕命惟允，其鑒于兹。可特封『正特真人』」。

周廣

廣，字惠常，大將軍瑜之後。少好天文、音律之學，長通無爲清浄之教。嘗與同志遊巴〔一〕、蜀、雲臺山，得漢天師驅剪精邪之法，救民疾苦。聞真君在旌陽，逕詣公庭，願備下執。真君納之，令供侍杖屨。夙夜惟勤，遵行道法，始終不怠。還居私第，左右無違。乃就宅西百餘步間，築室以居。真君飛舉〔二〕，惠常與曾興國同驂龍車。宅號「宣詔府」。唐保大中，州牧周令公紹真人爲祖，修營其宅，改曰「宣紹〔三〕府」。有碑刻尚存焉。今曰「太虚觀」。政和二年封「元通真人」。其詞略曰：

以爾早棄山宇〔四〕，師事仙君。元化通神，能得其道。功行甫就，偕昇帝鄉。大江之西，儼有故迹。首尾同吴君誥〔五〕。

校注

〔一〕「巴」，原作「邑」，據修真本改。

〔二〕「舉」，原作「學」，據修真本改。

〔三〕「紹」，化録同，修真本誤作「詔」。

〔四〕「宇」，原作「字」，據修真本改。

〔五〕「首尾同吴君誥」，修真本作「凡禱輒應，吾民是依。錫之新封，用彰厥懿。朕命惟允，其鑒于兹。可特封『元通真人』」。

泗水曾亨、鉅鹿時荷皆黄冠上士

亨，字興國，參之後也。少爲道士，天姿明敏，博學多能。修三〔一〕天法師之教，逆知來物。名山列嶽，有路必通；妙訣靈符，無治不愈。神人孫登見之，曰：「子骨秀神慧〔二〕，砥礪精勤，必作霄外人矣。子勉之。」後隱居豫章之豐城。聞真君道譽，投謁門下，願侍巾几。真君雅器重之，神方祕訣，無不備傳。後驂龍車昇天。今豐城縣真陽觀是其遺迹。政和二年，誥封「神惠真人」。其詞略曰：

以爾骨秀神惠，天禀殊姿。師事仙君，雅與道合。功行甫就，偕遊帝鄉。大江之西，尚存壇井。首尾同吴君誥〔三〕。

校注

〔一〕「三」，原作「二」，據修真本改。

〔二〕「慧」，化録作「清」，修真本作「惠」。

〔三〕「首尾同吴君誥」，修真本作「凡禱輒應，吾民是依。錫之新封，用彰厥懿。朕命惟允，其鑒于兹。可特封『神惠真人』」。

時荷

荷，字道陽。少修道德之教，入四明山，遇神人教以胎息衆妙之術，用能却寐絶粒，役使鬼神，驅除邪魅，點化金玉，賙濟窮苦，民受其賜，聲聞遠邇。惠、懷之世，聞真君孝道法盛行江左，徒步踵門，願充弟子。真君納之，授以祕訣。復遣還山，教導徒衆。明帝詔赴闕，師問之，堅不願留，竟歸，依栖真君侍側。寧康二年，與陳孝舉執册導從昇天。有遺迹在豫章城，號「紫盖府」，今南昌廳〔一〕是也。東海沭〔二〕陽縣奉仙觀乃其舊隱。政和二年，封「洪施真人」。其誥略曰：

以爾系出東海，世稱仙材。能自得師，以有洪施。前驅龍節，參駕同昇。大江之西，尚存故宅。首尾同吴君誥〔三〕。

校注

〔一〕「廳」，化録於其上有「縣」。

〔二〕「沭」，化録同，修真本誤作「沐」。

〔三〕「首尾同吴君誥」，修真本作「凡禱輒應，吾民是依。錫之新封，用彰厥懿。朕命惟允，其鑒于兹。可特封『洪施真人』」。

豐城甘戰草澤布衣

戰，字伯武。以孝行見推於鄉黨，遭時亂離，晦迹草澤，喜神仙久視之術。聞真君行孝道法，除害利物，遂造門懇請，願備驅役。真君異其材器，可其所請。至真君上昇，復付以金丹妙訣。伯武後歸豐城，布德行惠。至陳大建元年正月十日亭午，天詔下，乃駕麟車，乘雲而去。今縣中清都觀〔一〕乃昔藏丹之地。其故宅號「華陽亭」，有飛簧觀爲之奉祀〔二〕。政和二年，封「精行真人」。其詞略曰：

以爾幼〔三〕躭道教，同事仙君。驅妖除邪，厥功甚茂。精行既備，昇遊帝鄉。大江之西，尚存故宅。首尾同吴君誥〔四〕。

校注

〔一〕「清都觀」，原作「清駕」，「觀」字原爲空格，據修真本改補。

〔二〕「祀」，修真本作「礼」。
〔三〕「幼」，原作「幻」，據修真本改。
〔四〕「首尾同吴君誥」，修真本無，作「凡禱輒應，吾民是依。錫之新封，用彰厥懿。朕命惟允，其鑒于茲。可特封『精行真人』」。

沛郡施岑鄉關壯士

岑，字太玉。祖朔仕吴，因徙居九江赤烏縣。太玉狀貌雄傑，勇健多力，弓劍絶倫。真君初領徒誅海昏大蛇，會鄉壯三百餘人來助力，太玉預焉。致恭懇乞，願充役者。真君納之，與甘伯〔一〕武常執劍侍左右。寧康二年十月二十八日晨，見東方日中有一童子乘綵雲，執素策，驅蒼虬降其所居，宣玉帝詔，遂御蒼虬，乘雲而〔二〕去。真君宅東南二里間，有壇曰「紫玉府」，即其所棲之地。西〔三〕嶺鎮江干石上有觀，今額「至德」。爲太玉眺臺。南昌之地亦有之，皆所以眺望水妖也。俗稱「釣臺」，非也。政和二年，封「勇悟真人」。其詞略曰：

以爾性勇而悟，能自得師。授以至言，俾之入室。神童指妙，飛昇帝鄉。大江之西，故宅尤在。首尾同吴君誥〔四〕。

校　注

〔一〕「伯」，原作「泊」，據修真本改。

〔二〕「而」，化録同，修真本無。
〔三〕「西」，原空一格，據修真本補。
〔四〕「首尾同吴君誥」，修真本無，作「凡禱輒應，吾民是依。錫之新封，用彰厥懿。朕命惟允，其鑒于茲。可特封『勇悟真人』」。

蘭陵彭抗，南昌盱烈、鍾離嘉，建城黄仁覽皆以懿戚久處師門

抗，字武陽，舉孝廉，仕晉，累遷尚書左丞。密修仙業，以疾辭朝。師事真君，仍納愛女爲真君子婦。舊以彭女爲夫人，非也。故老稱〔一〕爲子婦，是也。真君懷帝永嘉末化炭婦誅蛇，而彭君在，計其年已七十六七矣，豈復親匹偶乎？亦屢〔二〕聞真君夫人周氏。今考孝道讚有周女史〔三〕答盱母問一篇，絶妙，疑是夫人謙〔四〕稱，故曰「女史〔五〕」。新藏經稱「聖母」，非也。真君念其恪誠，應諸祕要，纖悉付之，速遣還朝。至穆帝永和二年，致政，南遊，挈家居豫章城中。再詣門下，朝夕扣問，道益精進。宋高祖永初二年職方乘〔六〕作「義熙二年」。八月二十四日，舉家二十六口，白日昇天。今郡城宗華觀是也〔七〕。政和二年，封「潛惠真人」。其詞略曰：

以爾絶名去利，潛默内修。竭誠親師，授以祕要。功行甫就，飛昇帝鄉〔八〕。大江之西，尚存故宅。仙室靈壇，儼有陳迹。首尾同吴君誥〔九〕。

校注

〔一〕「稱」，原作「秝」，據修真本改。下同。
〔二〕「屢」，原空一格，據修真本補。
〔三〕「史」，原作「使」，修真本同，據化録改。
〔四〕「謙」，原作「槏」，據修真本改。
〔五〕「史」，化録同，修真本誤作「搜」。
〔六〕「乘」，化録同，修真本誤作「載」。
〔七〕據仙苑編珠卷下引十二真君傳，「彭君，名抗，永康中棄官事許君。君以長女妻之。永和二年八月十五日，全家二十六人，白日上昇。舊宅爲宗華觀」。
〔八〕「鄉」，修真本誤作「郡」。
〔九〕「首尾同吴君誥」，修真本無，作「凡禱輒應，吾民是依。錫之新封，用彰厥懿。朕命惟允，其鑒于兹。可特封『潛惠真人』」。

盱烈

烈，字道微，少孤，事母以孝聞，母蓋真君之姊也。真君凡二姊，盱母爲之孟。遺愛録云「南昌盱君烈、鍾〔一〕離君嘉，本許君甥」，則盱母爲真君姊，信矣。真君爲其孀居，乃築室於宅西數十〔二〕步間，俾居之。故母子日聞道妙。真君每出，則盱母代掌其家事，仙賓隱客，咸獲見之。胡天師石竈詞曰：「吾昔嘗到此，則客於盱母。」母子並受玉皇詔，部分仙眷昇天。今牆西道院乃其舊居。號「合儀府」。政和二年，誥封「和靖真人」。其詞略曰：

以爾學真君之道，悟五練之源。惟性閑和，動合大化，卒與其母，偕昇帝鄉。大江之西，尚存故宅。首尾同吴君誥〔三〕。

校注

〔一〕「鍾」，修真本誤作「鐘」。

〔二〕「十」，原作「千」，據修真本改。

〔三〕「首尾同吴君誥」，修真本無，作「凡禱輒應，吾民是依。錫之新封，用彰厥懿。朕命惟允，其鑒于茲。可特封『和靖真人』」。

鍾離嘉

嘉，字公陽，一字超本，真君仲姊之子。少喪父母，植性簡淡。真君嘗嘆其有受道之姿。乃授之神方，能拯救。付之妙訣，能役逐。真君昇天，首〔一〕金丹之賜。是年十月十五日日中，碧霞寶車自天來迎，公陽拜詔，昇車而去。新建象牙山西源是其所也，有觀曰「丹陵」，石藥臼尚存，號「鍾王府」。政和二年，誥封「普惠真人」。其詞略曰：

以爾持修煉之術，善符禁之能。普惠邇遐，功行昭著。真君付訣，昇遊帝鄉。大江之西，尚存故宅。首尾同吴君誥〔二〕。

校　注

〔一〕「首」，修真本下有一「以」字。

〔二〕「首尾同吴君誥」，修真本無，作「凡禱輒應，吾民是依。錫之新封，用彰厥懿。朕命惟允，其鑒于兹。可特封『普惠真人』」。

黄仁覽

黄仁覽，字紫庭。父輔，字萬石，舉孝廉，仕至御史。紫庭神彩英秀，局量凝遠。真君以子妻之。盡得真君之道。任青州從事，單騎之官，留妻侍父母，然每夜輒歸，人莫得知。一夕，家僮報許氏院中夜有語笑聲。姑訊之，許氏曰：「黄郎耳。」姑曰：「吾子從仕數千里，安得至此？」許氏曰：「彼已得仙道，能頃刻千里，戒在漏語，故不敢令姑知。」姑曰：「若然，當使我見之。」是夕，紫庭歸，許氏告以故。比明，紫庭不得已，出謁父母，曰：「仁覽雖從宦遠鄉，夜必潛歸膝下。仙道秘密〔一〕，不可泄言，恐招譴累。」言訖，取竹杖化爲青龍，乘之而去。故萬石亦知仙道之足慕，執弟子禮以事真君。唯紫庭二弟勇健不檢，日事遊畋，雖父兄奉詔飛昇，而二人尚在獵所，自言「性縱逸，不堪作仙，任兄舉族飛騰，容我二弟捕鹿」。紫庭嘆其賦分，復折草化鹿，以止其妄心。遂與父母三十二口，乘雲而東，從真君仙駕昇天。二弟後隱于西山。今方岡庙，俗呼「黄〔二〕四郎」、「五郎」是也。仙仗既行，雲間〔三〕墜下石毬、藥車各一。瑞州高安縣祥符觀，舊曰「祈〔四〕仙觀」，是其故居也。傍有許氏墜釵洲。政和二年，誥封「沖道真人」。其詞略曰：

以爾襲初平之慶，禀非常之姿。師事道君，洞該至妙。功行甫就，昇遊帝鄉。大江之西，尚存故宅。首尾同吴君誥〔五〕。

仁覽父輔，亦求爲真君弟子。真君以其懿戚，待以客禮，故不與十一人之數〔六〕。諸弟子受法，皆許傳族，壇靖各立府亭之名。其教〔七〕大儀〔八〕曰「府」，小儀〔九〕曰「亭」。乃行持〔一〇〕道法，以人數多寡名之。

校注

〔一〕「密」，原作「蜜」，據修真本改。

〔二〕「黄」，該字下原有「朝」，修真本同，據化録删。

〔三〕「間」，原作「問」，據修真本改。

〔四〕「祈」，化録同，修真本誤作「析」。

〔五〕「首尾同吴君誥」，修真本無，作「凡禱輒應，吾民是依。錫之新封，用彰厥懿。朕命惟允，其鑒于兹。可特封『沖道真人』」。

〔六〕此傳以黄輔爲黄仁覽父，黄真君爲黄仁覽，實爲兩宋之際興起之新説。黄輔飛昇日期及遺跡爲祈仙觀，見於説郛本豫章古今記。據仙苑編珠卷下引十二真君傳云「黄君，名輔，字邕，晉陵人。許君知輔之異，遂以次女妻之，傳付妙道。後爲青州從事，每夜常乘龍歸，眷屬伺之，乃一竹杖耳。後乃沖天，宅爲祈仙觀」，可知唐前以至胡慧超時期所流行的十二真君傳説中，黄真君應爲黄輔，而非黄仁覽。至太平寰宇記記録高安祈仙觀，尚以爲是黄輔故宅，可知北宋初尚無黄仁覽之説。北宋末，余卞改作西山十二真君傳，始以黄真君爲黄仁覽。宋徽宗時敕封十二真君，更以皇封的形式，將黄仁覽認定爲黄真君。到白玉蟾撰作此傳時，黄真君爲黄仁覽的説法已流行有年，但黄輔之説亦未消亡。因此，白玉蟾不得不以所謂「真君以其懿戚，待以客禮，故不與十一人之數」的牽强理由來調和新舊兩種説法。當然，儘管由於得到皇封，以及白玉蟾的影響力，黄真君爲黄仁覽的説法成爲定説，但有關黄輔的傳説在明、清時代的地方文獻中仍然得到記録，一直頑强地存在著，並没有徹底地消失。

〔七〕「其教」，修真本闕「其」字，化録於「教」字下有一「曰」字。

〔八〕「儀」，原作「義」，修真本同，據化録改。

〔九〕「儀」，原作「義」，據修真本改。

〔一〇〕「持」，化録無。

（以上出新刊瓊琯白先生玉隆集卷五）

諸仙傳

蘭　公

昔有異人，姓蘭，名期，莫敢呼其名，稱之曰「蘭公」。初居于兖州曲阜縣高平鄉九原里。其家百餘口，精修孝行，致斗中真人下降其家，自稱「孝悌王，諱弘康，字伯仲〔一〕」。語蘭公曰：「始炁爲大道，於日中，爲孝道仙王。元炁爲至道，於月中，爲孝道明王。玄氣爲孝道，於斗中，爲孝悌王。夫孝至於天，日月爲之明。孝至於地，萬物爲之生。孝至於民，王道爲之成。吾於上清以下，託化人間〔二〕，示陳孝悌之教。後晉代當有真仙許遜傳吾孝道之宗，是爲衆仙之長。」因付蘭公祕言〔三〕，及金丹、寶經、銅符鐵券，令傳授丹陽黄堂靖女真諶姆，且戒之曰：「將來有學仙者許遜，汝當以此授之。」

孝悌王遂將蘭公遊於郊野，道傍忽見有三古塚，指以示蘭公，曰：「此是汝三生解化之迹。其第一塚，乃昔尸解所遺仙衣而已。第二塚，乃太陰鍊形，形體已就，今當起矣。第三塚，藏蜕骨耳。宜移塚傍之路，勿令人物踐履也。」孝悌王言訖昇天。蘭公乃牓示行人，斷其舊路。人謂其妖妄，擅移路逕，執以詣官。官吏拘公而詰其驗。公具以前事對。官吏云：「必若妄言，將加誅。」公曰：「吾言得之孝悌王，安得妄。」官吏遂引蘭公與地分，對開其塚。其第一塚果有黄衣一領。其第二塚見一人童顔弱質，如睡初覺之狀。第三塚見連環骨一具。衆咸驚嘆。吏乃持仙衣還獻府君。府君著衣，不能勝，還與蘭公。公服之，即同塚中仙人合爲一體，竦身輕舉。官吏悔謝，虔懇拜問「何時再降人間」。蘭公俯語之曰：「我自此或十日、或百日一降，施行孝道，以濟迷塗。其後吳都有十五歲童子，丹陽三歲靈童，並是真仙之化身也，將弘孝道之教，以接合仙之士焉。」

校注

〔一〕「仲」，原作「中」，據修真本改。
〔二〕「間」，原空一格，據修真本補。
〔三〕「言」，修真本作「旨」。

諶姆

諶姆，不知何許人也，其字曰嬰。嘗居金陵丹陽郡之黄堂，潛修至道。忘其甲子，耆老累世見之，齒髮不衰，容貌常少，皆以「諶姆」呼之，謂其可爲人師也。吳大帝時，行丹陽市中，忽遇一男子，年可十四五，叩頭再拜，願爲義子。諶姆告曰：「汝既長成，須侍養所生。何得背其己親，而事吾爲母？既非其類，不合大道。」於是童子跪謝而去。又經旬月，復過市中，忽見孩兒，年可三歲，悲啼呼叫，莫知誰氏之子。因遇諶姆，執衣不捨，告云：「我母何來？ 唯願哀憫！」諶姆憐其无告，遂收歸撫育。漸向成長，供侍甘旨，晨昏不虧。心與道合，行通神明，聰惠〔一〕過人。博通經教，天文地理，百氏九流，窮幽極玄，探微索奥。年將弱冠，諶姆謂之曰：「我修奉正道，其來已久。汝以吾撫育，暫此相因。汝既無天，將何爲姓氏？」兒曰：「昔蒙天真授以靈章，約爲孝道明王。請以此爲名號可乎？」姆曰：「既天真付授，吾何敢違？」復議求婚，兒〔二〕跪姆前，說贊〔三〕：

我非世間人，上界真高仙。今與母爲兒，乃是宿昔緣。因得行孝道，度脱諸神仙。向前十五童，亦是我化身。今已道氣圓，我將返吾真。真凡自殊趣，何爲議婚姻。盍於黄堂壇，傳教付至人。母既施吾教，三清棲我神。

諶姆聞贊，驚畏異常，遂於黄堂建立壇靖，嚴奉〔四〕香火，大闡孝道明王之教。明王告姆修真之訣，曰：「姆〔五〕須高處玄壇，踈絶異黨，翛閑丘阜，餌服陽和，委鑒太虚，静夷玄圃。若非無英寶帙、黄老玉書、太洞真經，豁落七元、太上隱玄之道，不可偃息一作「輕盖」。於流霞之車，一作「障」。眷盼乎文昌之臺也。得此道者，九鳳齊鳴，萬靈萃止，竦身御節，八景浮空，龍輿虎旂，遊翔八方矣。姆〔六〕宜寶之。」於是盡付妙訣，兼授靈章。已而辭母，飛騰太空。諶姆受訖，寶而祕之，積數十年，人無知者。

至西晉之末，許真君遜、吴真君猛聞姆有道，遠詣丹陽，求授〔七〕道法。姆知其名在圖籍，應爲神仙，於是授以孝道明王之教、真仙飛舉之宗，及正一斬邪、三五飛步之術。仍以蘭公所授孝悌王銅符鐵券、金丹、寶經，一遵元戒，傳付許君。仍語二君玉皇玄譜仙籍品秩。乃令許君以道次授吴君。二君禮謝。將辭歸，許君欲每歲來禮謁姆。姆止之，曰：「子勿來，吾即還帝鄉矣。」乃取香茆一根，南望擲之，茅隨風飛去。因謂曰：「子歸，於所居之南數十里，認茅落處立吾祠，歲秋一至足矣。」語訖，忽有雲龍之駕來迎，凌空而去。今新建、豐城二縣之界有黄堂觀，乃真君倣丹陽黄堂壇所立祠，每年八月三日朝謁諶姆之所也。

校注

〔一〕「惠」，修真本作「慧」。
〔二〕「兒」，化録同，修真本無。
〔三〕「贊」，修真本下有一「曰」字，化録同。
〔四〕「奉」，化録同，修真本作舉。
〔五〕「姆」，原作「每」，據修真本改。
〔六〕「姆」，原作「每」，據修真本改。
〔七〕「授」，修真本作「受」。

地主真官傳

地主金公，世忘其名，或云名宝，行第七。世居豫章之西山金田，以進納補官，朴直公正，鄉閭所推服。許真君與郭璞擇地，至其所居。璞曰：「璞相地多矣，未見有若此者。如求富貴，則必有起歇。如欲棲隱，大合仙格。其崗阜圓厚，位坐深邃，三峰屹〔一〕立，四環雲拱，内外勾鎖，無不合宜。大凡相地，兼相其人。觀君表裏，正與地符。」乃與真君同謁公。公欣然出迎，懽如平生。璞白公曰：「許君欲置一舍，爲修煉之地，故同璞上〔二〕謁。」公曰：「竊觀許君仙風道骨，非塵埃中人，第恐此地不足以處君耳。君誠有意，當併致莊産，以爲薪水之資。」許君曰：「雖蒙傾盖，然受之無名〔三〕。願聞所需，多寡惟命。」公曰：「大丈夫一言道合，身命猶以許人，況外物乎？老夫拙直，平生無用文券。」乃取一大錢，中破之，自收其半，以半授許君，曰：「以此爲券。」明日，遂挈家居西林之庐舍，至卒老焉〔四〕。玉隆宫有神曰「西林地主顯忠真官」，即公是也。皇朝真宗皇帝嘗遣中使奉香燭、花果于真君。中使至溪橋，公朱衣靴幞迓之，中使不知其神也。至館，問曰：「適橋畔有官人相迓者誰也？今安在？」左右曰：「無之。」中使曰：「衣朱衣，狀貌肥而短者。」衆咸謂無其人。翌旦，中使登殿致獻，訖，還過地主堂，視之，驚曰：「昨日所見者即此神也。」炷香設禮，敬嘆其靈。歸而奏之，即有旨免本觀支移折變，蓋〔五〕緣於此〔六〕。嘉泰四年，賜廟額曰「昭應」。嘉定三年，誥〔七〕封「靈助侯」。

校注

〔一〕「屹」，原作「凡」，據修真本改。
〔二〕「上」，原作「止」，據修真本改。
〔三〕「名」，原作「各」，據修真本改。
〔四〕「焉」，原書漫漶，據修真本補。
〔五〕「蓋」，原作「盍」，據修真本改。
〔六〕「此」，化録於其下有云「公之神愈久益靈，邇來報應尤彰，未易殫舉，遐邇所共知」。
〔七〕「誥」，原作「告」，修真本同，據化録改。

許大

許大，真君之役夫也。真君上昇之日，適與其妻運米出市。今西嶺市。聞真君昇天，夫婦推覆米車，奔馳而歸。至，則仙仗已興。夫妻撫膺哀號，乞從行。真君告以善功未備，不應飛昇，乃授以地仙之術。夫婦俱隱于西山。其覆車之米在地復生。今地名「翻車崗」、「生米市」，即其所也。既隱，不欲人識，改姓曰「牛」。又爲人所知，復改曰「干〔一〕」。夫婦各有詩留於世。干君詩云：「自從明府昇天後，出入塵寰直至今。不是藏名混世俗，賣柴沽酒貴忘心。」其妻詩云：「醉舞狂歌踏落花，緑羅裙帶有丹砂。往來城市賣生藥，秖箇西山是我家。」又詩云：「出入仙鄉不記春，豈知塵世有寒温。兒家秖在西山裏，除却白雲誰到門。」因干君出遊，經時不歸，獨步醮壇，有感而作：「昨日因遊到翠微，醮壇風冷杏花稀。碧桃爲我傳消息，何似人間去不歸。」許大夫〔二〕婦聞真君將上昇，苦求隨行。真君以詔使告合從昇天人數已有定命，難徇其請，故預期使之出斡〔三〕。雖覆車而歸，已無及矣。今人時有見之者。

校注

〔一〕「干」，原作「千」，據修真本改。

〔二〕「夫」，原作「丈」，據修真本改。

〔三〕「斡」，修真本作「幹」，化録同。

胡、詹二王

胡、詹二王者，旌陽縣之二吏録也，世不知其名。真君棄官還山且久，二吏思慕盛德，捨家而來，願服役終身。真君憫其誠意，而知其分不應仙，俾没後爲神，立祠于福地東南高峰，作鎮水口，永享血食焉。

胡天師

天師名惠超，字拔俗，不知何許人也，人莫知其年紀。唐高宗上元間，來自廬山，棲於豫章西山之洪井。永淳中，幅巾布褐，負杖，徒行至游帷觀。見同輩，手不執板，擎拳而已。美鬚眉，體貌瓌偉，類四十許歲人。身不甚長，然每處稠人中，其首獨出其上，雖至長者，止及其肩，故時稱「胡〔一〕長仙」。人問其年幾何，曰「五十二歲」。逾數十載問之，亦復云然。至論晉、宋已來治亂興廢，纖毫不差。喜談晉司空張觀文博物，如其友。或云許、吳二君嘗授其延生鍊化、超三元九紀之道，能檄召神靈，驅奮雷雨。至陶弘〔二〕景校茅山華陽洞大〔三〕清經七十卷，天師亦與焉，背縫盡朱書其姓名，覽者皆見之。又曰：「吾昔到此，客於旴母。」用是不知爲何代人物也。每路逢暴骨遺骸，悉埋之。地有古物寶器，掘之如其言。而獲聞邪怪之物，疾之如寇讎，即務剪除之。時豫章西門有樟木精，爲獨足神，大興怪祟，邀人淫祀。天師一見，叱罵，書符禁制，即命斬伐，積薪灌油，以火焚燎，妖祟遂滅，以其地爲觀。舊名「信果」，今額「天慶」。

昔游帷觀唐初嘗荒廢，因問主觀胡不修葺，答以乏材力。天師奮然而往。不逾月，以木栰至高安樟木江口，距觀九十里，命栰人緊繫縛，各就宿江岸。臨暮，飛墨符一道。中夜，烈風雷雨。比明，栰已在壇下矣。凌抹嶺谷，所當之路，林木披靡摧折。又於山下發一窨，出錢三佰千，爲工役之需應。殿宇非人所居者，皆夜役鬼神爲之。門外鑿三井以辟火災。俗號曰「禁火井」，故至今永無火災。久之，異迹顯著。天后以蒲輪詔之。天師深隱岩谷，州縣搜求之急，不得已而出。至都，引見武成〔四〕殿。后臨，問仙事。天師止陳「道德，帝王治化之源」，后大喜。又欲留於都下，委以煉丹之事。天師辭請還山修煉。勑遣使賫金璧送歸。行次單父，賜書曰：「先生道位高尚，早出塵俗，如軒曆之廣成，漢朝之河上，遂能不遠千里，來赴三川。日御先開，望霓裳之漸遠。天津後渡，瞻鶴盖以方遥〔五〕。空〔六〕睇風雲，惆悵無已。儻蒙九轉之餘，希遺一丸之藥。」天師乃於洪崖先生古壇際鍊丹，首尾三年，降詔趣召。詣闕，至，則館于禁中。天師辭歸。固留，不許。天師一朝遁去。上聞，嘆恨久之，遣使賫贈甚厚，兼贈詩一篇，云：「高人叶〔七〕高志，山服往山家。迢迢聞風月，去去隔煙霞。碧岫窺玄洞，玉竈煉丹砂。今日星津上，延首望靈槎。」

天師歸西山，居于盱母靖。觀有三清中門、真君橫堂，堂在今仙井函日亭上。皆鬼工所造。平柱眠枋疊至脊，斲削之工，人或可侔，至植立不斜，堅固不朽，非人可及。梁牌親題大周年號，筆力遒〔八〕勁。又自寫其真於後殿之壁。其居西山，人皆師事之。千里之内，無疫癘水旱之灾，無猛鷙夭折〔九〕之苦，遠近賴焉。

長安三年二月十六日，命弟子於游帷觀之西北伏龍崗造塼墳，藏太玄真符二〔一〇〕，七星神劍、靈寶策杖各一，三日而訖。天師正衣冠，坐繩牀，異香滿室，空中雲鶴、牆外人馬之聲紛紛不絕。視之，已〔一一〕解蜕矣。州具以聞。賜錢帛，修齋醮，謚曰「洞真先生」。姑蘇先生司馬貞〔一二〕撰碑，具載詳悉。

世遠，真〔一三〕壁將頹。有一雲水道士至，以木板模寫之，儼然復前狀。越夕而壁倒，道士亦不知所往。門堂以政和六年奉旨重造，始撤去。今唯真板存焉。

校注

〔一〕「胡」，原闕，據修真本補。
〔二〕「弘」，原作「洪」，修真本同，據化録改。
〔三〕「大」，修真本作「太」，化録同。
〔四〕「成」，原作「城」，據修真本改。
〔五〕「遥」，原作「淫」，化録作「騰」，據修真本改。
〔六〕「空」，化録作「遥」。
〔七〕「叶」，化録作「協」。
〔八〕「遒」，原作「道」，據修真本改。
〔九〕「夭折」，原作「天柱」，修真本同，據化録改。
〔一〇〕「二」，原書破損，據修真本補。
〔一一〕「已」，原作「日」，據修真本改。
〔一二〕「貞」，周必大泛舟遊山録據大周洪崖山洞真先生胡尊師碑作「真」。
〔一三〕「真」，化録同，修真本作「其」。

（以上出新刊瓊琯白先生玉隆集卷六）

如意丹方

都仙昔積功累行之時，得真人丁義神方於神烈吴真君，内有此丹方，功效最爲第一。後因人民疾苦，遂修合，普施救療。服者如意得效，因名曰如意丹。飛昇之日，玉帝詔曰「録子今生咒水行藥治病之功」，良由此也。是丹於病無所不治。蓋符咒所加，神力存焉，故不容以品劑量其治否耳。今具藥品、修合製度、符咒、壇式、聖位、病症於後。

修合須擇淨室，咒水，步罡，驅除厭魅，掃蕩妖邪。須用庚申、甲子、天德、黄道、活曜、天醫日〔一〕。切忌雞犬之聲，并不潔淨之人。

校注

〔一〕關於擇日，據滇本，則應擇以「五月五日佳，每月上七日，遇庚申」以至天醫諸吉日。清乾隆二十七年刊同壽録載「擇五月五日午時合成，或每月上七日，遇庚申、甲子、天德、福德吉日，以雞犬不鳴、婦人不到之處爲丹室」，與滇本大體相同。

計藥品十八味〔二〕：

川烏、炮去皮尖。附子、炮去皮、臍，一個大者。人參、去蘆。吴茱萸、去梗，鹽湯浸一宿，炒。巴豆、去油。白薑、〔二〕火煨。柴胡、去蘆。川椒、去目，炒，去汗。茯苓、去皮。黄連、去鬚，淨洗。紫苑、〔三〕淨洗，去鬚。肉桂、去皮，不見火。厚朴、去皮，用薑汁浸，火炙數次。當歸、洗淨，酒浸。桔梗、去蘆、頭。豬牙皂角、去皮，或蜜或酥或醋炙。石菖蒲、米泔水洗淨。雞心檳榔。

各並用道地真正藥材製過、淨稱，各一兩。擇日修合。

校注

〔一〕如意丹方，據白玉蟾旌陽許真君傳，應爲十八味藥。滇本則爲十九味方，增出「木香」一味。總數爲十九味藥的如意丹方，目前最早見於清乾隆二十七年刊行的同壽録，是入清以後的變方。

〔二〕「白」，滇本作「乾」。「薑」，原誤作「姜」。下同。乾薑即白薑。

〔三〕「苑」，或作「菀」，見明萬曆三年刊醫學入門、清同治四年刊理瀹駢文、清光緒二十六年刊飼鶴亭集方等。滇本藥方作「苑」，但其十九味藥符中，該符則作「菀」。

先期安奉神位〔一〕：

至人丁公義真君。

祖師九州都仙太史高明大使〔二〕天醫大帝神功妙濟〔三〕真君〔四〕。

玄都御史神烈吴仙真君。

西林地主昭應靈助侯。

天醫院將吏功曹典者〔五〕。

校　注

〔一〕諸神位，據滇本，「用黄紙書」。

〔二〕「使」，滇本下有「天樞伏魔上相」諸字。

〔三〕「濟」，滇本下有一「許」字。

〔四〕許真君神位，據滇本，置「中位」。

〔五〕天醫功曹神位下，滇本尚列有「主藥大將張百和、洪崖張真君、洞真胡真君、景純郭真人、玉真劉真人、中黄黄真人、丹扃徐真人」，並説明丁公、吴君以至徐真人諸神位「侍許真君兩傍」，各藥神位「又次于此兩傍」。此外，滇本十八位藥神位前尚列有「朱衣神君」，註謂「即丹砂也」，但未有名姓。

搜惡〔一〕辟邪川烏神君主藥大將劉伯和。

平〔二〕伏寒邪附子神君主藥大將鍾子員〔三〕。

調和五臟人參神君主藥大將高賢之。

助氣肥腸茱萸神君主藥大將傅君用。

操〔四〕惡最靈巴豆神君主藥大將李仲温。

調神補〔五〕氣白〔六〕薑神君主藥大將金仲和。
驅除百癆〔七〕柴胡神君主藥大將晏〔八〕師道。
明目駐顔〔九〕川椒神君主藥大將張仲剛。
通氣養神茯苓神君主藥大將聶仲〔一〇〕和。
驅解百毒黄連神君主藥大將鍾元達。
棄〔一一〕邪歸正紫菀神君主藥大將金順之。
通津〔一二〕養胃桔梗神君主藥大將王子温。
去〔一三〕風去毒皂角神君主藥大將龔吉誥。
逐氣調元〔一四〕肉桂神君主藥大將何子員。
助真〔一五〕益神厚朴神君主藥大將羅子美。
通血養形〔一六〕當歸神君主藥大將何才臣。
清浄自然菖蒲神君主藥大將廖庱〔一七〕道。
辟除瘴癘檳榔神君主藥大將温通〔一八〕鑾。
日值功曹傳奏使者。

校注

〔一〕「惡」，滇本作「風」。

〔二〕「平」，滇本作「尅」。

〔三〕「員」，滇本作「圓」。

〔四〕「操」，滇本作「禳」。

〔五〕「補」，滇本作「益」。

〔六〕「白」，滇本作「乾」。

〔七〕「驅除百痨」，滇本作「祛逐風寒」。

〔八〕「晏」，滇本作「姜」。

〔九〕「明目駐顔」，滇本作「通神明目」。

〔一〇〕「仲」，滇本作「中」。

〔一一〕「棄」，滇本作「斬」。

〔一二〕「津」，滇本作「精」。

〔一三〕「去」，滇本作「搜」。

〔一四〕「元」，滇本作「真」。

〔一五〕「真」，滇本作「氣」。

〔一六〕「形」，滇本作「神」。

〔一七〕「庋」，滇本作「慶」。

〔一八〕「通」，滇本作「道」。以上諸藥神位，滇本俱無「大將」二字。另，滇本增出「木香」一味，列神位「通氣調神木香神君」，亦名作温道鑾，與滇本所列「檳榔神君」名相同，可見是另自擬構的神名。

次用齊，整香燈、精潔供物、錢馬。科儀奏聞真君〔一〕，乞關會天醫院功曹典者、藥中神將吏兵，下降真炁，覆護藥劑，隨咒通靈。

校注

〔一〕科儀原書未有説明，文檢亦不詳。滇本則見録合藥祝文，雖有改動，應源自相關科儀中所用文檢。據滇本，該表焚化後，再默祈真君關會天醫院吏兵。文云：「即日寅恭頂祝無量丹忱丙堅，恩周靡既。弟子某等心殷壽世，罔知所措，敬遇神丹，何敢不恪。恭惟真君功著斬蛟，德隆咒水，受諶母之符，率真八百，膺玉皇之譜，德被九州。聖德難量，有求必應。神功莫測，無感不靈。恭焚道德真香，虔誠上啓，供奉九州都仙太史高明大使天樞伏魔上相神功妙濟真君浄明普化天尊、玄都御史吴真君、傳方丁公至人、西靈地主昭應靈助侯、天醫官吏、治病功曹、十九品聖藥神君、十八位主藥大將、浄明會中一切仙宰翊衛神員：今某省某府某縣某某等某年某月某日皈依大道，修製靈丹，謹對聖前恭陳微悃，佇望鶴馭遥臨，更冀仙從佐助，俯誠聖鑒遵行符咒之誠，錫以中黄道炁貫諸靈藥，垂憐救濟沉疴之功，佐以太極威靈，護此仙丹。庶人心可合天心，隨手通神，捐四百八病纏身之厄；俾凡藥即同聖藥，投口即愈，屏九十六種厄命之魔。服之者，札瘥立消；佩之者，威靈默佑。式昭昔日浄明之化，用慰今日叩禱之心。仰望大慈，俯從丹懇。弟子等無任俟恩之至。謹禱以聞。」

次面北，焚香，步斗履罡，存想真君在上，具陳合藥事意。畢，誦北斗七真咒：

北斗九晨〔一〕，中天大聖。上朝金闕，下覆崑崙。調理綱紀，統制乾坤。大魁貪狼，巨門禄存。文曲廉貞，武曲破軍。輔星〔二〕大周天界，細入微塵。何災不滅，何福不臻〔三〕。元皇正炁，來合我身。天罡所指，晝夜常輪。俗居小人，好道求靈〔四〕。願見尊儀〔五〕，永保長生〔六〕。高上玉皇，紫微帝君〔七〕。

校　注

〔一〕「晨」，滇本作「宸」。

〔二〕「輔星」，滇本無，有「高上玉皇，紫微帝君」。

〔三〕「臻」，滇本作「增」。

〔四〕「靈」，滇本作「真」。

〔五〕「見尊儀」，滇本作「祈帝光」。

〔六〕「永保長生」，滇本作「救劫生生。三台虚精，六淳曲生。生我養我，護我身形」，並注云「至此加誠注想尊容，默念九皇魁魓魒魓魒魓魓尊帝，急急如律令」。

〔七〕「高上玉皇，紫微帝君」，滇本在前。

次取三光氣，吹在紙筆上，依法書符。

貼前門

東壁

西壁

南壁

北壁

左臂

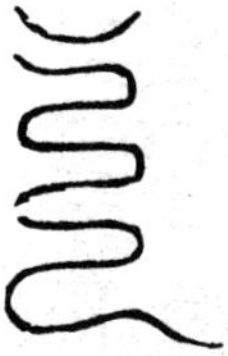

右臂

背一

背二

當胸

背三

背四

一符當胸，四符貼背。

右五符照方道貼，後七符搗藥人佩帶〔一〕。

校注

〔一〕以上諸符，滇本稱作丹室鎮邪靈符、杵藥人佩符。此外，滇本尚有合丹鎮邪符及五炁朝元大籙，並附手訣、咒語等。諸符、訣如左：

合丹鎮邪符

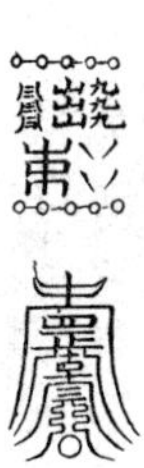

右此符左手掐上帝訣，右手執筆，念却邪咒，取北方氣吹之筆上，再念鎮邪咒，取北方氣敕之，貼於丹室門外壁，勿令僧尼、外人、孝子、婦女、雞犬見之。

東方九炁，用玄青布，丹書。

南方三炁，用紅布，硃書。

中央一炁，用黃布，硃書。

西方七炁，用白布，丹書。

北方五炁，黑布，丹書。

以上五符係五炁朝元大籙，照式念誦皇經，跪録書於五色布上。照東西南北中，生炁入符，安鎮於真君神座。須誠之又誠，潔之又潔。倘有褻慢，雷霆即震。七日夜後，合藥。先時，跪誦玉皇經、五方誥，焚灰，合藥。

書符却邪咒曰：

威光烜赫，掃蕩群魔。正氣駢集，兇邪莫過。急急如上帝敕。

敕符鎮邪咒曰：

八方安鎮，内外肅清。丹成道備，紫氣飛昇。急急如上帝敕。

次將藥各依分兩，次第安排。仍用酒菓供養前依所奉真君、藥神，焚獻紙馬。訖，將藥逐味捧對聖前，誦咒，各七遍。

川烏神咒：

南靈〔一〕六神〔二〕，上帝高真。却〔三〕禳毒害，安鎮萬靈。搜尋惡氣〔四〕，廣〔五〕濟群生。急急如川烏神君〔六〕律令。

校注

〔一〕「靈」，滇本作「方」。

〔二〕「神」，滇本作「辰」。

〔三〕「却」，滇本作「下」。

〔四〕「尋惡氣」，滇本作「風避邪」。

〔五〕「廣」，滇本作「下」。

〔六〕「川烏神君」，滇本無。下同。

附子神咒：

受命太〔一〕陽，守護洞房。行神佈炁，精髓舍〔二〕藏。尅伏寒邪，黑龜吐光。受生玉女〔三〕，嬰送天罡。急急如附子神君律令。

校注

〔一〕「太」，滇本作「炎」。

〔二〕「精髓舍」，滇本作「益精中」。
〔三〕「受生玉女」，滇本作「玉女受生」。

人參神咒：

稟〔一〕性温良，安鎮八方。調和五臟，四大吉昌〔二〕。養神助氣，邪鬼伏藏。百病能〔三〕和，受煉神光。急急如人參神君律令。

校注

〔一〕「稟」，滇本作「品」。
〔二〕「昌」，滇本作「祥」。
〔三〕「能」，滇本作「自」。

茱萸神咒：

威鎮四方，助氣肥腸。搜風潤體，安〔一〕煉五常。通利腑臟，痰嗽消亡〔二〕。永除冷毒，萬氣寧昌〔三〕。急急如茱萸神君律令。

校注

〔一〕「安」，滇本作「受」。
〔二〕「通利腑臟，痰嗽消亡」，滇本作「先固腎胃，後入丹房」。

〔三〕「寧昌」，滇本作「靈暢」。

巴豆神咒：

爲元帥臣，操〔一〕惡最靈。擒魔伏鬼，精邪滅形〔二〕。五行太乙，去積還真〔三〕。神煉受魂〔四〕，元亨利貞。急急如巴豆神君律令。

校注

〔一〕「操」，滇本作「禳」。

〔二〕「形」，滇本作「亡」。

〔三〕「積還真」，滇本作「精通誠」。

〔四〕「神煉受魂」，滇本作「神魂受煉」。

白薑神咒：

受氣太陽，體性溫良。調神補〔一〕炁，卻除寒殃。脾胃受煉，辟除不祥〔二〕。養生益命〔三〕，永保安康。急急如白薑神君律令。

校注

〔一〕「補」，滇本作「益」。

〔二〕「脾胃受煉，辟除不祥」，滇本作「開通脾胃，腹臟安祥」。

〔三〕「養生益命」，滇本作「止嘔咳逆」。

柴胡神咒：

立性至高，驅逐百病〔一〕。三尸立衰〔二〕，斬除非殃〔三〕。血屍自〔四〕伏，禍患〔五〕不遭。名列上元〔六〕，衆神〔七〕同朝。急急如柴胡神君律令。

校注

〔一〕「驅逐百病」，滇本作「祛病寒消」。

〔二〕「衰」，滇本作「喪」。

〔三〕「斬除非殃」，滇本作「瘧癘潛逃」。

〔四〕「血屍自」，滇本作「黄奴遠」。

〔五〕「禍患」，滇本作「時氣」。

〔六〕「元」，滇本作「品」。

〔七〕「神」，滇本作「聖」。

川椒神咒：

受氣五行，修煉甲庚。通神明目，延壽長生。金木水土，元亨利貞。魑魅〔一〕魍魎，魁魁魈〔二〕星。急急如川椒神君律令。

校注

〔一〕「魑」，滇本作「魎」。

〔二〕「魎」，滇本作「魑」。

茯苓神咒：

通氣養神，調煉三魂。安鎮七魄，驅邪不祥〔一〕。存神定息，萬惡不侵〔二〕。指揮綱紀，佐助乾坤。急急如茯苓神君律令。

校注

〔一〕「安鎮七魄，驅邪不祥」，滇本作「祛邪致真」。

〔二〕「萬惡不侵」，滇本作「屏惡消氛」。

黄連神咒：

中央戊己，受性温平。驅解百毒，剪截〔一〕邪精。安和去熱〔二〕，保守〔三〕長生。含真太乙，永壽安〔四〕寧。急急如黄連神君律令。

校注

〔一〕「截」，滇本作「除」。

〔二〕「安和去熱」，滇本作「調和腸胃」。

〔三〕「守」，滇本作「命」。

〔四〕「安」，滇本作「康」。

紫苑神咒：

安魂養真〔一〕，流佈心神〔二〕。祛邪歸〔三〕正，調〔四〕伏三魂。百關鎮守〔五〕，萬國來賓〔六〕。真炁自然〔七〕，邪鬼不〔八〕存。急急如紫苑神君律令。

校注

〔一〕「真」，滇本作「神」。

〔二〕「流佈心神」，滇本作「咳逆有靈」。

〔三〕「祛邪歸」，滇本作「驚癇皈」。

〔四〕「調」，滇本作「攝」。

〔五〕「鎮守」，滇本作「守正」。

〔六〕「萬國來賓」，滇本作「永化灾迍」。

〔七〕「自然」，滇本作「灌溉」。

〔八〕「邪鬼不」，滇本作「道體長」。

桔梗神咒：

通津養胃，湧水生花〔一〕。三尸鎮伏，玉女安家〔二〕。三關却鬼，去病除〔三〕邪。爽氣滅惡，安養〔四〕黄芽。急急如桔梗神君律令。

校注

〔一〕「花」，滇本作「華」。

〔二〕「家」，滇本作「佳」。

〔三〕「除」，滇本作「祛」。

〔四〕「安養」，滇本作「調補」。

皂角神咒：

搜風去毒，順氣除殃。添精補髓，延壽增〔一〕光。含元得一〔二〕，玉殿都倉〔三〕。剛齒潤髮〔四〕，黄帝〔五〕越章。急急如皂角神君律令。

校注

〔一〕「增」，滇本作「靈」。

〔二〕「含元得一」，滇本作「得一含元」。

〔三〕「玉殿都倉」，滇本作「混合桃康」。

〔四〕「剛齒潤髮」，滇本作「開通竅滯」。

〔五〕「帝」，滇本作「神」。

肉桂神咒：

紫氣成形，受煉太清〔一〕。爲臣輔佐，返〔二〕炁調真。君正臣賢，保護民身。太陽得之〔三〕，萬福自〔四〕臻。急急如肉桂神君律令。

校注

〔一〕「太清」，滇本作「火精」。

〔二〕「返」，滇本作「逐」。

〔三〕「太陽得之」，滇本作「德合太陽」。

〔四〕「自」，滇本作「咸」。

厚朴神咒：

助氣〔一〕益神，品性爲尊。安和内外，驅氣〔二〕除瘟。清理脾臟〔三〕，好道求真。百千鬼伏，永鎮乾坤。急急如厚朴神君律令。

校注

〔一〕「氣」，滇本作「真」。

〔二〕「氣」，滇本作「疫」。

〔三〕「臟」，滇本作「胃」。

當歸神咒：

水位〔一〕之精，通血養神。調真助炁，四海康寧〔二〕。煉形生液〔三〕，助道〔四〕長生。奉天度人，保守元真〔五〕。急急如當歸神君律令。

校注

〔一〕「位」，滇本作「晶」。

〔二〕「海康寧」，滇本作「肢生瑩」。

〔三〕「生液」，滇本作「化氣」。

〔四〕「助道」，滇本作「保命」。

〔五〕「奉天度人，保守元真」，滇本無。

菖蒲神咒：

清淨自然，聰性烈仙〔一〕。通津〔二〕補炁，明目注顔。安調〔三〕五臟，善〔四〕透三關。堅齒黑髮，朝鎮京山。急急如菖蒲神君律令。

校注

〔一〕「聰性烈仙」，滇本作「性徹神仙」。

〔二〕「津」，滇本作「精」。

〔三〕「調」，滇本作「鎮」。

〔四〕「善」，滇本作「喜」。

檳榔神咒：

天圓〔一〕地方，六律九章。辟除〔二〕瘴癘，性體〔三〕温良。消虫下氣，錦文内藏〔四〕。

急急如檳榔神君律令。

校注

〔一〕「圓」，滇本作「元」。

〔二〕「除」，滇本作「邪」。

〔三〕「性體」，滇本作「體性」。

〔四〕「消虫下氣，錦文内藏」，滇本作「留傳後世，萬病安康」。

咒畢〔一〕，剉碎，和匀，焙乾，研爲細末，煉蜜和塊，約搗三千餘下〔二〕，丸如梧桐子大，硃砂爲衣。如蜜丸不堪久收者，則以稀麵糊爲丸亦可。修合既畢，謝送仙真、藥神。

校注

〔一〕除以上十八味藥神咒外，滇本因增出木香一味，故尚有木香神咒一首，其咒曰：「運氣通神，保順元精。暢和六脉，三陽三陰。魂魄安鎮，起生回生。香蒸九竅，百病無侵。」此外，以上諸神咒除逐味捧至神位前，呼主藥大將、誦咒以外，據滇本，亦另用於咒藥前，書十九味藥符時掐訣誦咒；另外，在搗藥時，也各念神咒一次，逐味將十九味藥神君符焚化，合入該藥末中。十九味藥符，僅見於滇本，而不見於青本，不知有無所據。而書十九味藥符時，「以上每咒七遍畢，稱揚都仙聖號、廣濟無邊天尊、度人無量天尊不可思議功德。書符，念二儀咒，想見太上老君在空中，左手掐上清訣，右手執筆，望天門，收黃炁，吹筆上，念咒曰：『輕清上澄，總統元靈。高明垂照，安一咸寧。』度人經咒曰：『萬彙發生，枯朽齊榮。九真敷德，普度無垠。急急如上帝敕。』」

十九味藥符、訣如左：

川烏符

左手大指掐中指上節，取東南方生氣書之。

黃連符

掐中指中文，取東方生氣書之。

人參符

掐中指中文，取天門氣書之。

茯苓符

掐四指上文，取西方氣書之。

乾薑符

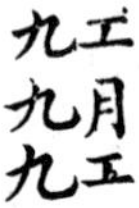

掐四指中文，取地户炁書之。

桔梗符

掐小指中，取北方炁書之。

吴萸符

掐中指甲，取西方炁書之。

肉桂符

掐小指中，取東南方生炁書之。

厚朴符

掐小指，取人門炁書之。

菖蒲符

掐二指中，取西北炁書之。

柴胡符

掐三指中文，取鬼户氣書之。

紫菀符

掐二指下文，取東方氣書之。

牙皂符

掐中指，取北方炁書之。

當歸符

掐大指中，取正北方炁書之。

川椒符

掐二指文，取西方炁書之。

附子符

掐四指甲，取巽方氣書之。

巴豆符

掐坤文，取西南炁書之。

木香符

掐小指甲，取正東方炁書之。

檳榔符

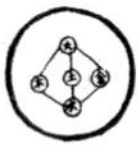

掐玉文，取中炁書之。

右符「共十九品，用於咒藥之前，照訣取生氣，硃砂書於黃紙上」。又以前十九味藥神咒「日夕咒藥九遍。九遍畢，焚一道於各藥之上。七日七夜，拜斗，唪誦玉皇本行集經。竣後，再將各藥剉末」。

〔二〕搗藥程序，據滇本，則先須誦度人經十遍，再入臼。

川烏神君符

附子神君符

人參神君符

茱萸神君符

巴豆神君符

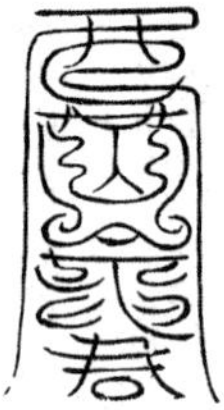

白薑神君符

柴胡神君符

川椒神君符

茯苓神君符

黃連神君符

紫苑神君符

肉桂神君符

厚朴神君符

當歸神君符

桔梗神君符

皂角神君符

菖蒲神君符

檳榔神君符

右符用硃書，焚在各末藥中〔一〕。

校注

〔一〕諸藥神君符，據滇本，除焚入各藥外，亦須「書於神位上供奉」。關於合藥焚符，滇本亦另有説明，謂「將欲煉蜜合藥之時，取硃砂、黄紙，焚香於爐，跪諷神咒一遍」，將諸藥神君符「一一書完，每一品，焚一道於各藥內，連符灰入於末內。然後和蜜成團，披法衣，搗五千四十八杵。丸如梧桐子大，用磁罐收貯」。不過，此一敘述，與該本後述炮製修合方法並不相同。另外，除以上十八味藥神君符外，滇本尚有木香神君符。符如左：

治療湯頭開列於後：

瘟疫、熱病，三丸、五丸。俱井水下。

陰陽二毒，傷寒、傷風，三丸、五丸。薄荷湯。

陰症傷寒，九丸。薑湯。

鬼祟邪氣。一丸。

嵐瘴、不服水土、時災、伏屍傳癆、五癎、怔忡。三丸。

癲狂。九丸、五丸。俱黑棗煎湯。

大麻風成塊，遍身麻木，面如蟲行，口眼歪斜，脱眉爛肉，左癱右瘓，偏正頭風。五丸、七丸。

鶴膝紫、白癜風、痰風癬，三丸、五丸。俱荆芥煎生酒〔一〕。

誤吞毒藥。九丸。

消渴、泄瀉。三丸。

諸痢、大小便閉。七丸。

酒毒、便紅。三丸、五丸。

喉閉。七丸、九丸。

腮腫、丹瘤、癰疽、疔瀝，五丸、七丸。俱温酒。或赤痢，黄連湯。白痢，甘草湯。

隔氣、五般食積、心腹膨脹、心氣疼痛，五丸、七丸。俱薑湯。
翻胃吐食〔二〕，五丸、七丸。蓽澄茄〔三〕湯。
腸中氣塊〔四〕，五丸。煨薑湯。
腹中成塊，痛不止，五丸、七丸。皂角煎酒〔五〕。
痞積，五丸。蓬〔六〕朮〔七〕生薑湯。
腰背痛，三丸、五丸。鹽湯。
十種水氣，五丸。茯苓湯。
黄疸，五丸。茵陳湯。
蠱〔八〕脹，五丸、七丸。甘草湯。
五瘧，三丸、七丸。桃枝湯。
五淋，五丸。燈草湯。
虫積，三丸、五丸。史君子湯。
瘿虫，三丸。甘遂湯。
腸風、臟毒，三丸。陳米湯。
膀胱疝氣腫痛，三丸。研蘿蔔子或〔九〕茴香湯。

諸痔，三丸。淡礬湯。

婦人血崩，五丸。百草霜調酒。

血暈頭痛，三丸。薑湯〔一〇〕。

血勞咳嗽，三丸。荆芥湯。

血崩刺痛，三丸。牛膝湯。

月水不調、子宮冷、不受孕、孕笑、孕哭，五丸。俱艾醋湯。

赤白帶，三丸。絲綿燒灰調酒。

産後腹痛下血，五丸。阿膠酒。

死胎，七丸。苧蔴煎酒〔一一〕。

鬼胎，三丸。紙書鍾馗二字，燒入滚水〔一二〕。

小兒急、慢驚風，一歲一丸，三歲三丸。金銀花薄荷湯。

氣痛，一丸。薑湯。

疳蟲，一丸。史君子湯。

睡涎、咬牙，一丸。俱淡鹽湯送下。

引一時不便，止用白滚水送下。

校注

〔一〕「煎生酒」，滇本、如藏本俱作「湯」。

〔二〕「翻胃吐食」，滇本、如藏本俱作「反胃膈食」。

〔三〕「澄茄」，滇本、如藏本俱作「撥」。

〔四〕「腸中氣塊」，滇本作「腹中氣塊痛」。

〔五〕「煎酒」，滇本作「湯」。

〔六〕「蓬」，如藏本作「莪」。

〔七〕「朮」，原作「木」，據滇本、如藏本改。

〔八〕「蟲」，滇本、如藏本俱作「蠱」。

〔九〕「研蘿蔔子或」，滇本、如藏本俱無。

〔一〇〕「湯」，滇本作「酒」。

〔一一〕「煎酒」，滇本、如藏本俱作「煎湯點酒」。

〔一二〕「燒入滚水」，滇本作「燒灰，用酒下」。

已上病症〔一〕，凡服藥餌，須當盥沐齋戒，焚香祝告九州都仙太史高明大使天醫大帝神功妙濟真君，持念聖號七遍，乞降靈炁於藥中，默陳病源，今服仙丹，願護應驗〔二〕。然後隨所换用湯頭，如湯頭不便，净水亦可。仍禁腥葷一二日。孕婦忌服〔三〕。而孩幼不能吞餌，以絳紗爲囊，佩帶，亦能辟惡驅邪。若欲常服，每日持誦聖號，以浄水吞一粒。未服之前，安奉聖前供養。惟在志誠，立見神效。

校注

〔一〕關於對症服用劑量，滇本未有詳細説明，僅載「其藥視人虚實，虚者一丸，實者二丸，小兒半丸」。如藏本則曰「不可多用。若緊急重病，氣實者服二丸，小兒半丸」。

〔二〕關於服藥誦真君聖號，滇本謂「每於五更時，面向東，念神功妙濟天尊九遍，服之」，如藏本則云「於清晨，向東，稱念天醫大帝浄明普化天尊九遍，默祝病源，服丹丸」。

〔三〕關於服藥後宜忌事項，滇本謂「服後或瀉不止，用温米粥補之，即止。服後忌食生冷、魚腥等物，五日後不忌」。如藏本大體相同，謂「服後必肚痛作，若瀉不止，即用温米粥食之，其瀉即止」，「忌生冷、油葷、腥膻」。

服藥神咒：

天靈地靈，萬法通靈。普照十方，萬神聽令〔一〕。尋究病源，明彰報應〔二〕。吾奉三皇聖祖天尊敕令。奉行〔三〕。望天門取炁，吹印上。

校注

〔一〕「照十方，萬神聽令」，滇本作「召治病，神將至前」。

〔二〕「尋究病源，明彰報應」，滇本作「扶危救困，萬病立痊」。

〔三〕「奉行」，滇本無。

許祖浄字符

此符焚在湯使中服，用黄紙硃砂印〔一〕。

校注

〔一〕許祖浄字符，滇本無，另有吞丹符，如左：

關於此符用法，滇本曰「此符或刻印，或硃書黄紙。用時將符面東，咒七遍，以三山訣擎盞，吸東方生炁吹符上，焚湯中，吞丹。此即提自己丹田祖炁也」。

（以上出太上靈寶浄明宗教録附如意仙丹方並浄明堂諸方）